きもの古今東西

風姿から学ぶ、土地の伝統文化

中谷比佐子
hisako nakatani

安藤孝子
takako ando

春陽堂書店

きもの古今東西

風姿から学ぶ、土地の伝統文化

着物を通して見た東と西の違い

中谷比佐子

着物の取材で各地の呉服屋さんを訪ねていくうち、着物の着方やコーディネート、さらには色の好みが土地土地によって随分と違うものだということに驚きました。大雑把にわけると、名古屋から富山を線引きする「東と西の文化の違い」という感じです。

いくつか例をあげます。沖縄における「ヤマトンチュー（内地）」の着方は戦後に普及しているので、そのときに出入りしていた京都の問屋指導となり、西の雰囲気。北海道は地方問屋の働きがあり地方問屋の感性で、西有力の店、東に傾いている店が混在しているという状況でした。また力のある呉服屋は独自に直接京都・東京の問屋に出向くこともあり、北海道の着物の柄や色の好みは「土地独特の土着の好み」というものはあまり感じませんでした。さらに言えば「店主の好み」を優先している店が多く、多国型文化という趣、これは北海道の土地の成り行きを反映したのかもしれません。

流通主体の着物選びは、とくに中央より遠い場所に影響していることがよくわかりました。

「好み」というところに焦点を置くと、元からの都つまり京都、そして大阪、金沢、東京は生活者の趣味趣向が勝っていると感じました。とくに京都と東京はその趣向の違いがはっきりしていて、私は京都に取材に行くたびに強い関心を寄せたものです。

着物に限らず、おもてなしの仕方まで、東京と京都は違いが顕著でした。しかもその違いを正そうとする気持ちは流通関係者には全くなく、違いこそが「特徴であり、個性だ」という考えだったのでしょう。

日本の都道府県すべての老舗呉服屋さんに伺ってわかったのは、都道府県そのものにまだ江戸時代の藩政が生きていることで、衣食住の根本的な習慣は江戸時代に定着し、それがずっと続いてきたと考えていいでしょう。

着物の着方や好みが違うのは、藩政を学ばないと理解しづらいものでした。沖縄や北海道は土地独自の土着文化が基本にあったのです。そのため、自分たちの生活にはなかった、本州の着物の着方は、西でも東でも区別なく受け入れることができたのだとわかりました。

その中で、とくに京都は２０００年の歴史を尊び、まだ歴史の浅い東京の文化を取り入れるなんて考えてもいないようでした。

そのうち京都に住む方々との友好の輪が広がり、中でも京都祇園で育った「安藤孝子」と交際が深まると、東と西の着物の好みの違いが、そのまま東西の文化および考え方、生き方まで通じていることに気が付きました。それをまとめて次の世代に繋いでいきたいという思いが、今回の本となりました。

京都の廓《くるわ》、とくに祇園甲部に籍を置く安藤孝子は「装う」ことに関して廓独特のしきたりが身に付いています。昔から着物の流行は「花柳界《かりゅうかい》」からと言われるくらい着物を着ることに造詣が深いのです。茶道、華道、日舞、仕舞いなど日本の伝統芸能を身に付けることが、着物を着る基本になっています。

京都は一般的にも歳ごろになれば、なにかお稽古事をする、そこに着物がある、という生活が定着しています。ですから他県の人たちの着物姿とおのずから違ってくるのです。もちろん地方でもお稽古事は必須なのですが、地方は京都と比べると芸事の「お家元」が少ないので習う人も少なくなります。東京でもお稽古道には着物がつきものでした。下町生まれの女の子は日舞、小唄、三味線を、山の手生まれの女の子はお琴、茶道、華道を習うことが多かったようです。

お稽古着も京都は常に「はんなり」と華やか、東京はお稽古には半幅帯でもいいということがありました。このあたりから着物を着るという心根も違ってきます。

この本では着物を通して見た東と西の文化の違いをあなたと考察していきたいと思います。西の着物に精通している安藤孝子との対談を軸に進めていきます。また、非常に個人的な見解になっていくと思いますので、その点はご容赦ください。

安藤孝子

あんどうたかこ✽1937年11月26日京都府生まれ。元祇園甲部芸妓、『11PM』初代アシスタント。芸妓名は『孝千代』。

6歳6月6日より日舞藤間流の稽古をする。そのうち舞妓に憧れて芸妓・貝田孝江の妹分として10代で店出し。舞妓、芸妓を経て、タレントに転身。深夜のテレビ番組『11PM』（読売テレビ制作）では藤本義一の初代アシスタントとして、火曜・木曜を担当。現在、お茶屋『祇園安藤』など会員制サロン、BGMスタイルJAZZクラブなど飲食店を経営。

中谷比佐子

なかたにひさこ✽1936年7月18日大分県生まれ。きもの文化研究家、きものエッセイスト、きものジャーナリスト。女性雑誌『女性自身』『二人自身』編集記者を経て「秋櫻舎」を設立。きもの季刊誌『きもの秋櫻』を発行。

おもな著書に『きものという農業』『麁服と繪服』『きもの解体新書』など。きものを切り口に日本の文化、日本人の考え方の基本、美意識を学び継承している。Facebook Live「チャコちゃん先生のお考えっ!」動画更新中。

きもの古今東西　風姿から学ぶ、土地の伝統文化　目次

装　丁　　文図案室
カバー写真　カノウリョウマ
構成・文　中谷比佐子

序章 —— 安藤孝子と中谷比佐子

西の着物を全国区にした安藤孝子

夜の11時、嫣然と首を左にかしげてほほ笑む。

「こんばんは安藤孝子どす」

彼女が読売テレビの『11ＰＭ』に登場したのが、１９６５年（昭和40年）でした。作家の藤本義一さんが司会をし、アシスタントを務めたのが安藤孝子です。それは祇園の風習を破り、芸妓初のテレビ出演でした。京友禅、京鹿の子、西陣織物、そして季節を先取りする12か月の着物の着方など、安藤はテレビ放送を通じて日本中の女性に着物の着姿を伝承しました。１９６９年（昭和44年）９月までの約４

年間、全国の殿方のハートを見事にキャッチし、京女の魅力をいかんなく発揮したものです。

日本初の深夜ワイドショー『11PM』は東京の日本テレビ、大阪の読売テレビで交互に制作されました。東京の司会は大橋巨泉、愛川欽也が務め、アシスタントの女性は、祇園芸妓の安藤孝子の人気ぶりを見て、当初は銀座のクラブのママでしたが、殿方の受けは低く、その後女優の朝丘雪路が「ぼいん（おっぱいが大きい）」の雪路として活躍しました。

さて安藤孝子こと「お孝はん」をテレビに引っ張り出したのは、京都祇園の割烹「浜作」先代の社長・森川武さんとその兄の森川英太郎さんでした。読売テレビは番組で関西らしさを表すため美貌で京都弁がしゃべれる藤本義一さんのアシスタントがほしいと『11PM』の企画に参画していた英太郎に「祇園で才女を見つけてほしい」と特命をくだしていたのです。

英太郎は映画監督でもあり、当時は読売テレビでドラマ脚本を書いていました。

『祇園物語』で脚本を担当したとき、舞妓役で出演の三田佳子の方言指導をお願いしたのが生粋の祇園ことばを話す安藤孝子でした。その縁もあって、英太郎は特命を受けたとき、以前に方言指導してもらった安藤孝子の顔がすぐ脳裏に浮かび、弟の武ともども交渉にあたったのです。

安藤は当時、浜作の店の近くにある「貝田」という屋方《やかた》から「孝千代」という源氏名でお座敷に出ていました。祇園きっての超売れっ子の芸妓だったので二つ返事とは行かず、交渉は難航。それはそうです。当時祇園には芸妓は３００人以上いて、孝千代はその頂点に君臨しているのですから。全く違う世界に行くということなど考えてもいません。

安藤は以前お世話になった森川さんのお声がけだからと、なんとなく様子を見にテレビ局に出かけたところ、知らないうちにカメラリハーサルがあり、もうその場で出演が決まったのでした、さあ大変です。

現役の芸妓がテレビに出るなんてとんでもない時代です。格式高い祇園の芸妓が生の顔を晒すテレビ出演はとても許されないことでした。しかも深夜放送。反対の炎が燃え盛りましたが、安藤孝子は全く知らない世界で自分の可能性を見てみたいという欲求がふつふつわいてきたのでした。

6歳のとき「舞妓になりたい」という思いから、歌舞音曲の稽古も嫌がらず、中学二年生でいよいよ舞妓になるべく、その決心を祖母と母親に告げたら、二人とも猛反対。自分の意思が強いことを示すために、一か月親戚の家に家出を決行、祖母の裁量で「貝田」という屋方に預けられ、そこから舞妓として店出しをするべく、舞妓修業が始まりました。

そこまでの反対を受けても自分の道を通すという京女の一徹さはこのテレビ出演という異例の行動にも表れていて、祇園中が反対するのなら芸妓をやめて、「タレントとしてテレビ出演をしよう」とまで決心したのでした。

それでも騒ぎは収まらず、祇園を平常に戻すには自分が番組から降りるしかないと思い、番組が始まっても何回か「降ろして下さい」と直訴するのですが「お孝はん」人気はうなぎのぼり。テレビ局も押しとどめるのに必死です。

定期券がうれしくて

京都から大阪までテレビ局が用意した定期券、安藤孝子の生まれて初めての一人旅は「定期券」を持つうれしさでいっぱいでした。

現金を持ち歩いたことのない祇園の箱入り娘、祇園内ではもちろん、京都の名だたるところに行っても買い物はすべて「親」へのつけで終わります。細かい買い物をするときですら、「つけ」が利く世界ですから、現金を持ち歩くという習性はありません。

また舞妓は通常の少女とは違い、極端に言えば食事も人前ではしない、喫茶店に入るなんてとんでもないことでした。舞妓は常に美しく可愛く、夢を与える存在でなくてはなりません。人の目には清楚な生きた人形でなくてはならなかったのです。

そういう舞妓の生活が5年続き、芸妓になっても一般の女たちとは違う、息もしていないような美しさの中にいなければなりません。ですから当然現金を持って歩くとか買い物するとかそういうことは考えられないのです。もっと言えば一人で出歩くこともありませんでした。

他府県に行くときは必ず「屋方」の関係者も同行です。ですから、一人で京都から大阪まで行くことは安藤孝子にとって大冒険だったわけです。

祇園では一人で出歩くということすら問題になっていました。今ではもう死語となっている「不良」扱いでした。祇園にはもう戻る場所もないほどの騒がれようだったのです。

格式ある廓の世界として、日本を代表する祇園です。外国の大統領や王族、諸外国の政治家、文化人がお座敷に上がって、人形のように可愛い舞妓や、芸達者な芸妓たちの歌舞音曲を楽しみ、ゆったりと華やかな時間を過ごせるようにもてなすのが廓に住む女たちの仕事です。

テレビ局のホステスなどとんでもない、祇園の名前に傷がつく、祇園をないがしろにする行動だ、許しがたき造反と受け止められたのでした。

しかし「お孝はん」の爆発的人気で、祇園がさらに有名になり潤い始めると、そういう騒ぎもだんだん沈静化してきました。

一人で電車に乗り定期券を差し出すときの新鮮な面白さを満喫する暇もなく「お孝はん」は日本中の少年から老年までの男はんを虜にしてしまい、改札口で定期券を差し出す高揚感を味わうこともできなくなり、送迎は車になりました。

着物の四季折々

祇園の芸妓であるという矜恃は、柔らかい京ことばを話すだけではなく、着物を四季折々取り替えるということで、女性の視線もくぎ付けにしました。

昭和40年代はまだ日常の生活で着物を着る女性も多く、京好みの安藤孝子の着物が話題となりました。大げさな着物ではなく、小紋を中心に、ときに紬も着てはんなりとした着物姿が女性たちの共感を得たものですから「お孝はん」の出演の日は男女ともに仲良くテレビの前に座るという家庭が増えたのです。

放送はかなりきわどい色気番組でしたが、お孝はんの「かまとと」ぶりも受けてわずか4年間の出演にもかかわらず、お孝はんがいまだに記憶に残っている殿方が多い番組でもありました。

実際に祇園のお座敷では、舞妓も芸妓も自ら話題を提供することはなく、お客さんの話をひたすら聞いて、相槌を打つだけという教育ですから、司会の藤本義一さんやその日の出演者に質問を投げかけられても、「へえーそうどすなあ」「いやーわからしまへん」などの相槌でそれが「かまとと」と言われながらかえって出演者がしゃべりやすい雰囲気にもっていっていたとも言えるようです。女性からも大変好意を持たれていました。

着物も季節を意識した素材や色、柄などでしたから、局には着物の問い合わせも多くあったそうです。なにより京友禅のメーカーはいち早く同じような着物を染めて売り出し、京都の染のすばらしさを全国に宣伝できたのです。のちに「孝子好みの着物」という商品名で、着物や帯を販売したメーカーさえありました。

安藤孝子のテレビでの活躍は祇園の人気を不動のものにし、普段に着る紬や小紋が安藤の手によってあでやかに、そしてやさしい雰囲気が出せるものだとわかり、女性たちの着物に対する思いにも、新風が吹き込んだ時代でした。

お正月の晴れ姿、25歳の安藤孝子。P21…芸妓時代の写真、P22…舞妓時代のお座敷にて。三味線の音に合わせ、あでやかな姿で舞を披露。着物の動きから指先まで所作が美しい。

深夜番組『11PM』の収録場面。安藤は司会・藤本義一のアシスタントを務め、人気が爆発。京女と着物の魅力を世間に伝えた。
P 25…番組内の企画で殺陣を習い満面の笑みを見せる。

小紋や紬、普段に着る着物も安藤が着るとやさしい雰囲気をまとう。テレビ放送の影響で、着物に対する世の中の女性の思いに変化が現れ、着物がより身近な存在になっていく。

祇園に初めて構えた安藤の店「孝子」。カウンター内からはテレビ出演時の印象とはまた違った素顔が垣間見える。写真は1970年頃。現在の店名は「祇園安藤」。P29の写真は結婚式の司会をしたとき。

東西の着物を見てきた中谷比佐子

最近は西向き東向きという着物のわけ方はあまりないように感じている方が多いと思います。テレビや雑誌の普及、また各地への往来が頻繁になり、東と西の着物の着方や小物の合わせ方の好みは統一されてきたようにも見えます。

しかしまだ微妙な違いが残っています。多分この違いはずっとこのまま時代を経ても同一にはならないように感じます。それくらい東と西では着物に限らず、言葉の使い方、作法、料理の味付け、物事に関する理解の違い、金銭感覚、色の好み、声の出し方、笑顔の表し方でさえ、まだまだ違いがあります。

私、中谷比佐子は着物ジャーナリストとして、全国の着物の産地や地方問屋、また呉服屋の取材をしていたとき、それぞれの場所には根強い地方文化があり、それらを大きくわけると、東と西の文化の違いに影響を受けているということが察知されました。

東京で雑誌「女性自身」「二人自身」の編集を務めその後、結婚のため一時家庭に入り、「家庭画報」編集長・本多光夫さんのお声がけで、家庭画報特選「茶席のきもの」のちに「きものｓａｌｏｎ」となる着物誌の編集に携わること三十余年。

その他にも主婦と生活社「別冊ジュノン」、婦人生活社「別冊着物読本」などの編集をして全国の産地を訪ね歩き、また撮影を通じて、着物を着る立場の方々の着物の着方や着物の小物合わせの好みが、東と西では随分違うことを認識しました。この違いは例えば、着物の柄や色の好み、素材の選び方、ＴＰＯのとらえ方など、まだまだたくさんあるのですが、違いの根元はどうやら土地に根付いている文化から来ているのだろうと、推測できるのです。

「まずは京都をもっと理解しなければ」と考えていたとき、京都の祇園で安藤孝子に出会い、彼女に「東の人の着物の着方や選び方は、自分たちとあまりにも違うので驚いてしまう」と言われ、あらためて東と西の着物の違いは奥が深いのだなあと思ったものです。

各産地に取材に行くと、「東向き、西向き」という微妙な色の違いの着物を見せてくれます。京都の問屋に足を運ぶと、東の呉服屋さんの部屋、西の呉服屋さんの部屋がわかれていたこともあります。帯メーカーは今でも、東の柄、西の柄として帯を区別しているところもあります。

東と西の文化の違いがどこから来ているのか、着物を通して見てみると、とても理解しやすいものがあります。着物がそれぞれの文化を解き明かしてくれるのです。縄文文化と弥生文化、飛鳥時代の物部と蘇我、平安時代の源氏と平氏、鎌倉時代の武家文化と宮廷文化、室町時代の堺を中心にした嗜みの茶道文化と名古屋岐阜の武士文化、そして江戸になると、武士と町人の文化がはっきりとわかれてきます。

明治は全国区として国が発展していきますが、300年近い藩政の名残が各地に根を下ろしていて、それぞれの文化が栄えています。令和になった今でも江戸時代に培われた文化や藩政の名残は残っていて、それが着物の好みや着方に影響していることがわかります。

安藤孝子が祇園という特殊な廓文化の中で育っていながらも、テレビに出演したことで、廓と一般の方との境目の敷居を低くしたことも確かです。

一般の方も廓文化から自分に合う、着物の着方を取り入れたりしながら、その人らしい個性を生かしてきたのではないでしょうか。その行為が東と西の文化の融合となっていたのだと思います。

着物から文化の成り立ちがわかる

東と西は「粋」と「雅」というくくりで片付けてしまうことがほとんどのようです。実際に京都室町の問屋と、東京堀留の問屋ではそこに集められている着物の柄や色に違いがありました。さらに面白いことに、根っからの東京の問屋と、京都の支店としての東京に所在する問屋の品揃えが見事に違っていました。

東京の問屋では、全般的に色が少ない、柄が小さい、染帯が多く、そこで働く人たちは、きびきびしてニコニコしている。とてもフレンドリーな応対でサバサバした感じでした。また東京のお客さんは決めるのも早く、商談も時間がかかりません。

いっぽう京都の問屋では品揃えが豊富で色が華やか、西陣の織帯が多く、全体的にキラキラ輝いているのだけど、いわゆる古典柄という落ち着いたものもたくさんあるのです。働く人たちは静かで謙虚、しかし買い手に対しては粘り強いのです。ずーっと客に付きっきりでお相手をしている姿が印象的。会話を楽しんでいるようでした。また一歩下がって、人を値踏みしている感じもしました。自分の担当のお客と、そうでないお客の区別も京都の問屋のほうがはっきりとしていました。

つまるところ江戸である東は武士の町、西の京都はお公家さんの町、武士と公家の生活様式がそのままそれぞれの土地の文化となり、着物の選び方着方にも影響を及ぼしたのです。

武士の制服であった裃は遠くから見ると無地にしか見えないほどの、極小の小紋、色はそのほとんどが藍や鼠、茶色です。動きをきびきび、言葉もはきはきしなければこの渋い色を活かすことはできないでしょう。だから「粋だ」という言葉が生まれたのでしょうか。

公家の礼装は黒と赤白という三色であっても、私服は柔らかくて明るい色、形もゆったりとしているので、動きも優雅。しかも男でもお化粧をしている。話す言葉もゆっくりと丁寧になるでしょう。「粋」と「雅」というのはこういった点からも来ていると思います。

東と西の着物の着方、選び方の違いから日本全国のそれぞれの土地の文化の成り立ちまでもがわかってくるのですから面白いものです。

東と西はどこからわかれるのか

歴史学者や地質学者のあいだでは「関ヶ原を境に大雑把に東と西がわけられる」

という学説が主流です。着物でわけるとその関ヶ原界隈は、東西の文化が入り混じっているようです。

それは長襦袢の衿の仕立て方に現れます。西は広衿仕立て、東はバチ衿仕立て、もっと東に行くと棒衿仕立てです。

長襦袢の衿の仕立て方の相違は、着物の着方に及びます。棒衿仕立てでは胸元がすっきりしすぎて、華やかな大きな柄の着物には似合いません。ですからどうしても縞や絣を選ぶことになるのです。

また畳の広さの違いも西と東にわかれます。京間、関東間です。畳一畳の広さが京間のほうが大きいのです。富山に取材に行ったとき、一軒の家で京間の間は客間、関東間はその家の生活の場になっていました。

正月のお雑煮にも東西の違いがあります。角餅は東、丸餅は西です。年取り魚（正月魚）もそうですね。鮭が東、ぶりが西です。富山や愛知、岐阜はこの二つの文化が混とんとしていて、それが着物にも現れています。

東は着物が日常着として考えられていますが、西はお道具として位置付けられています。そのため「花嫁支度」は豪華ですし、婚礼のしきたりもなかなか複雑なものがあります。とくに名古屋、福井、金沢は婚礼という儀式に力を注いでいました。これは東と西の文化の融合がそうさせたのでしょうか。

さて次の章からは、安藤孝子と中谷比佐子の対談を中心に着物を通して見た東と西の文化の違いをより具体的に考察していきます。

第一章 — きもの東西

東は武士風　西は公家風

比佐子　まず着物を着たときの姿を一見して、東と西の違いを一言で表すとしたら、どんな言葉が出るかしら？

孝子　東は「粋」、西は「華やか」という感じやねえ。

比佐子　「はんなり」という京都独特の言い回しがあるけど、華やかでいいの？

孝子　どちらかというと、はんなりと言ってほしいわ。

比佐子　奇をてらっていない「正当な華やかさ」とでも言うのかしらね。

孝子　そう、西はね、御所風というおっとりとした品の良さを身に付けんなあかんの、それが着物を着るうえで一番大事なことなんやと思うわ。

比佐子　なるほど、おっとりという風情は、歩く速度や、お辞儀の仕方にも現れているわね。

孝子　比佐子ちゃんが初めてうちの店に来はったときね。

比佐子　あのとき孝子はん冷たかったわねえ、一瞥して口もきいてくれなかった（笑）。

孝子　なんかね、一見さんやし、着物をしゃきっと着てはって「風が切れるんと違う？」というくらい、ピリリとしてたんよ。着物を着たキャリアウーマンって感じやね？（笑）

「祇園安藤」という安藤孝子が経営するお茶屋（一般的に祇園の「お茶屋」は会員制で一見さんお断り）で、中谷は彼女に徹底して無視されたのでした。

比佐子　無視した原因があるんでしょう？（笑）

孝子　へえ（笑）。いかにも東の人の着物の着方やったね、切れ味があるゆうんか、ほっこりしたところがおへんどしたね。

それまで「祇園安藤」は、東の女性が普段着を着て店に現れるということが少なく、ほとんどの女性は京都のお客さんで、はんなりした着物を着て、静かに座っている。だけど、着物を着た女が、男はんと対等に話している姿に、ちょっとびっくりして様子を見ていたのだそうです。

そのときの様子を伝えましょう。

「祇園に行こうか」

と染色工場を経営する細川社長に誘われたのは、昭和50年（1975年）の秋でした。

昭和46年に初めての書籍「若い人のためのきものの本」（主婦と生活社）を上梓し、その後も「知的な女性はきもの好き」（婦人生活社）などいっぱしの「着物の先生」になっていた私は、細川染工で染める着物の「着物ブック」の編集とスタイリストを引き受けていました。

全国にある「悉皆屋」(洗い張り屋)がこの本を購入し、掲載されている着物の柄をお客様に勧めるための本で、現代風に言えば「通販」の走りです。

春夏、秋冬と年間2冊、当代売れっ子の女優さん12人が、60枚の着物を5枚ずつ着て一流カメラマン(当時「婦人科」と呼ばれる女性専門の写真家)に撮っていただく、というもので、着物の地色から柄選び、さらにはこの着物をどの女優さんに着ていただくかの選定と手配、女優さんが決まったらその雰囲気に合わせての帯選び、小物合わせ。その仕事の他に雑誌記者をやっていて大忙しの毎日でした。

その頃は山陽新幹線が博多まで延び、それに呼応するように広島東洋カープが初優勝、三億円事件、女性初のエベレスト登頂成功と、ぐんぐん時代に力が付き、高度成長が上り坂になっていった時代です。

都会で仕事をしている女という感じを漂わせつつ意気揚々と祇園に行きました。店の看板は「安藤」、やさしい紅藤色の暖簾が静かに揺れていました。東京と全く違う空間、かぐわしい香りに迎えられて店の中に入りますと、

(あっ『11PM』に出てらした安藤孝子さん!)駆け寄って、

「こんばんは」

とにこやかにご挨拶すると、

「いやぁ〜おいでやす」

とシラーとした顔をされる。他人にこのような扱いを受けたことがなかったので、自分の立場がわからなくなるほど戸惑ったものです。

そのシラーとした顔を細川さんに向けるともう満面の笑み。白い肌を引き立てる淡いブルーの地色の着物がよくお似合い、一つ一つの仕草が柔らかく、上村松園の描く女性のように美しい。祇園ことばは特別ゆったりとしていて甘い。

今まで西陣や中京区で聞いていた京都弁とは違い、イントネーションに波があってなんとも華やかなのにうっとりと聞き惚れるのです。目の前にブランデーグラスをスーッと置くともう私の存在すらないもののように細川さんと会話を楽しそうに続けています。

それから何回か細川さんと行き、また別の社長さんたちのご招待も受け足を運ぶのですが、笑顔を向けてくれるようになっても会話には一切入れませんでした。

しかも私の着物姿をさりげなく点検している風情が受け取れます。私も孝子はんの着物姿に注意を向けるようになります。衿の合わせ方、小物の組み合わせ、着物と帯の調和のさせ方、どれ一つとっても細やかでやさしいのです。それになにより清潔、常にしわ一つない着物姿でした。

いっぽう私の着物の着方や色合わせが、なんとも泥臭い。旅先で、帯にも着物にもしわが目立ちます。東京ではかっこいいと褒められるけど、この京都ではなにか洗練されていないという感じがするわけです。

比佐子　他のお茶屋に行くと女将さんたちは愛想よく迎えてくれるのに、なんで？　と思って、一度は一人で行ってみようと。もう一見さんではないしね。

孝子　あのときのことも覚えてます。うれしおしたわ、何回か来てくれはったし、お友だちになりたいなあ、と思うてたんえ。うちも着物のこと真から語り合える人がほしかったし、着物は京都が一番！　と思うていたけど、比佐子ちゃんの着物姿には新鮮な驚きがあったんよ。

比佐子　へー、そんな思いをおくびにも出さなかったわね。私も観察していたけど、孝子はんもさりげなく見ていたのね。

では一人で行ってみようと思い、その日は白大島に薄い紫地に菖蒲の花を手描きした帯を締めてさあ出陣！　店を開けたばかりの時間に暖簾をわけて入ると、孝子はんが目を見開いて、

「イヤーお一人できはったん？」

「ハイ今日は一人でまいりました」

と初めて名刺を差し出すと名前をしげしげ見て、

「比佐子ちゃんやね、よろしゅうおたのもうします」

この日をきっかけに四十六年。無二の着物友だちになったのです。

強い色を個性的と思う東
淡い色が上品と思う西

比佐子　着物の色の好み、江戸はどうしても色の合わせ方が、くっきりしっかりしているわよね。だけど模様はシンプルがいいと思っている。面白い話があるの。京都で着物を染めていただいたとき、「この隙間に箔を入れましょう、この花は縫いがいい」といろいろ技術を足していくのよね、「いいえ全部いりません。素のままでいいです」と言うと機嫌が悪くなる。

孝子　ふふふ、ようわかりますえ、京都の人は華やかさを表現するのに、縫いと箔を入れて強い色は好ましまへんのえ。

比佐子　オレンジとか、真黄色、黒だってちょっと赤みがかるものね。でも同じ西でも大阪は大柄な模様が好まれるし、色もオレンジとか緑をよく使っているわよね。

孝子　そう、上方好みというジャンルはあるわね。でも東のような、スカッと抜ける強い色はあまり着はらしまへん。若いとき5年近く大阪（関西テレビ）に通ってたんやけど、大阪の人の色の好みは太閤はんのゴールド遺伝子があるように思うえ。大阪の人の色の好みが太陽だとすると、京都の人はその周りの雲の色ではないんかな。

比佐子　朝焼けの話ね、言いえて妙だわ。とてもわかりやすい。同じ色でも生の色は上方、その同じ色にうっすら雲をかけたような淡い色の好みが京好みというわけね。

孝子　私らから見たら、東の人は上方よりもっと素の色を好んでいる感じがする。原色ではなく、ドキッとするような強い色、どう表現していいかわからへんけど、とくに小物に思いがけない色をもって来はるね。

比佐子　着物の色が華やかでないので、小物で色を効かす、という着方は東的だと思う。それに東は年齢に合わせた着物の着方をやかましく言わないのよ、母と娘が小物の色を替えながら同じ着物を着るということはよくあること。着物と帯は三色でまとめて、ショールや帯揚げを思い切った色にする、ということを先輩たちから教わりましたね、それが江戸前だって。

孝子　そういうのって私らから見ると、かっこいいと思う反面、着物はそうではないとどこかで反発するんやね、比佐子ちゃんと初めて会ったときも、その反発やったと思うわ。

比佐子　着物は京都が本場と考えているからでしょう？（笑）確かに歴史は古い、着物の色も柄も着方も京都が基本になっていると思う。だって京都が都で発展していたとき、東のほうはまだ農地が多く、文化的な素養も満たされていなかったもの、鎌倉幕府や足利幕府（室町幕府）などできたけど、生活の基盤はともに京都でしたものね、ですからどうしても東は「雅」というより、「武ばった」感じになるのよ。色の使い方も歴史を引きずっているんだと思うわ。

孝子　戦場で目立つ色が必要だったやろうから、ワンポイントで注目を集めるという風潮が残ってるのかしらね。京都の色は薄い色、淡い色が主流やね、それもブルーとかグリーンで決して藍色や緑という色調ではないんやわ、控えて譲る気持ちが色に現れるんと違うかな。着物と帯の色を合わせるときも、東京の人はよくしてはるけど、京都は白に黒なんていう合わせ方はせえへんえ。例えば、淡いグレイの着物には白地の帯、黒地の着物を着たときは、小豆色か年代によっては淡いグレイを使うかな。

比佐子　西は黒地に小豆色の八掛という手をよく使っているわね、東だったら黒地の着物の八掛は墨ぼかしを使うことが多いもの。最近は全国的になったけど、白地に赤い飛び絞りの帯揚げは、元々は廓の人たちの専売特許みたいだったでしょう?

孝子　祇園の「ゑり萬」さんが一番初めにしはったお店やと思います。赤でも年代によって微妙に違うし、絞りの大きさも変えているから、どんな年代の方でも楽しめるんえ。赤だけではのうて、ブルーやグリーンもある。紬でも小紋でも訪問着でも、どんな着物にも合う万能の帯揚げどす。

比佐子　逆パターンもあるのね、赤地に白の飛びしぼ、この前は黒地に赤というのを手に入れたわ。同じものを東京の小物屋さんに染めていただいたことがあるけど、赤い色が微妙に違うの、東京の赤はオレンジがかる、そうするとあらゆる着物に合うという万能ではなくなるのね。

孝子　その赤い地色とか黒の地色の帯揚げは、東向きに作らはったんやと思うわ。舞妓さんたちの赤い帯揚げには金箔が施されていて、四季の花柄、祝い事に使う場合は糸が盛りあがっている相良繍《ぬい》がしてあって赤がやさしく見えて豪華になっている。

比佐子　東京の芸者さんの赤い帯揚げは無地が多い、蹴出しの赤も西は小紋柄だし、東は無地ね、私自身は無地のほうが落ち着くな。

孝子　東やもんね。

比佐子　とくに赤については京都の赤が美しいと思う。でも本当は東の人のほうが赤の使い方は上手ね。表側に赤を使わないで、振りとか、ちらりと見える肌襦袢の衿、まずは見えない股割れ、湯文字に赤はよく使っている。舞台の仕事をしていたとき、そういう赤い下着を楽屋の役者さんに売りに来る小間物屋さんがいてね、私もしばしば購入していたのよ。特殊な下着は楽屋小物屋か浅草に専門店があったけど、今はないわね、京都はまだある？

孝子　ゑり萬さんや井澤屋さん、ゑり善さんにもあります。

微妙な色の好みが日本の歴史から生まれていることに今さらながら驚く。武士社会が栄えた東は、質実剛健な気風が色の使い方に現れていました。表は目立たないように、周囲に溶け込んでしまう色が「安心」でひそかに裏地に凝ってみたりする。どこかに効き色を使って心満意足するところがあるようです。

風景を見てもそうです。関東平野は広く、山は遠くに連なり、大きな川がゆったりと走りそこに柔らかいやさしい色は、景色の中に溶け込んでしまい、存在が認められません。近代になった今はなおさら、無機質なビルに囲まれているのです。黒のような強い色か、素の色そして効き色を用いるという感性が育っていくのでしょう。

いっぽう西は、雅やかな王朝文化が根底にあるので、優雅とかやさしさを求める色が人々の心を落ち着かせるようです。柔らかくて明るい色を好むのは、現在でも皇室の女性たちの衣裳に引き継がれています。

また景色にも違いが助長されます。京都では山がすぐそばにあり、季節が動くと山の色が変わってきます。自然との調和を日常の中に取り入れて暮らしている人々は、自然を欺く色を身に付けることを良しとしません。常に自然の色より控えめな色を身に付けるという習性があるようです。そのために柔らかなやさしい色というのが、きっと着ている人を落ち着かせるのでしょう。

同じ西でも大阪では、商人の町として人々が激しく行き交い、その中で自分自身をアピールするために華やかな色が好まれるようになったのかしらと思うのです。

東の着物の柄は細かく西は大柄が多い

比佐子　日本に三大友禅というのがあるわね、京友禅・加賀友禅・東京友禅、すべて都が発展した都市で生まれた友禅だけど、模様の付け方、色合い、そして加工技術がそれぞれ違うのよね。

孝子　京都は廓が5つありますやろ、舞妓ちゃんたちのおべべと帯やかんざしは、お座敷の花どすえ。ふすまを開けて舞妓ちゃんが現れたとき、ふあっと大輪の満開の花にならんとあかんのえ。そやから、着物の柄は大きく、そして縫いや箔を使って、お座敷の照明の中でも着物の柄に奥行きがあって華やかに映るようにしつらえてあるんやと思う。それに舞妓ちゃんのだらりの帯は、西陣織の技術の傑作やしね。

比佐子　京都の最初の廓が西陣の上七軒だったことも、西陣の帯の生産を活性化させる政策かな？　秀吉が上七軒を作ったんですものね。

孝子　西陣に七軒のお茶屋さんがまず出来て、上七軒という地名になったと聞いてるえ。そして西陣の帯に合わせる着物として京友禅が存在したんやと思うわ。その帯も着物も良く見せるのが芸妓さんや舞妓さん。

比佐子　産業を生かし合っているのね。縫いも絞りも廓の着物には絶対に必要なものでしょう？　ところで「縫い」という言い方は西、東は「刺繍」と言う。どう違うのかと私なりに考えたのだけど、京都の縫いは技術としては刺繍なのだけど、染の柄をさらに生かすために使うのよね。例えば椿の花を描いたらその花芯は刺繍、そして花のぼかしにも刺繍をする。椿の花をより自然の写しにするので、染と刺繍の協同作業。だから刺繍と言わず縫いというのかな、と思うの。

孝子　そうやと思うわ、縫いを入れるのは、はんなりと見えるようにするためで、私は相良繍が多いえ。

比佐子　逆に東京は、染の技法だけで勝負という感じね。京友禅は分業でたくさんの職人さんたちが関わっているけど、東京友禅は一人の染色家が図案から下絵、手描きまで全部受け持っている。もちろん糊を蒸したり、引き染の職人さんは別にいらっしゃるけど、一人の主張が着物に現れているのね。京友禅が美術工芸だとすると、東京友禅は染色文化という感じが私はする。

孝子　そういう見方もあるやろうね、でもね京友禅には初めに比佐子ちゃんを連れていらした細川さんのように、廓の姐さんたちや、裏で働いている一般の人たちが着る着物を染めてはる人も多おしたえ。その他にも茶道のお稽古着や古典芸能のお稽古に通う人たち、京都の家庭はなんらかのお稽古事を子供にさせる風習が強いので、稽古着の京友禅は舞妓ちゃんたちの着物とはまた違った小さな模様が好まれてるかな。自分を目立たせるいうより、周囲と同調できる色や柄というのが主流やろうね。

比佐子　そうそう、細川さんの染める着物は小紋が多かった。それでも東と違って縫いを入れているのでどこか「はんなり」していたわね。そういう小紋に染の帯を合わせるのね。東は「染の着物に織の帯、織の着物に染の帯」という決まりを守っている人が多かったので、撮影のとき戸惑ったの。でも始終着物を着るには染帯のほうが気軽ですものね、細川さんたちの染はみんな型染で日常着だったのよね。しかも季節先取りの帯が多かった。

孝子　一般的には紬を着ることがほとんどだから、どうしても染の帯になる。

比佐子　紬はどういう種類が好み？

孝子　結城紬、大島紬、塩沢やね、結城紬の糊抜きができていない頃、まずは、おばあちゃんが寝間着に着て、いい加減柔らかくなったら洗い張りして着させてもらったものよ。私ら旅行に行くときは大島紬は軽くて着やすいので着る。今でもそうやね、大島紬のお対を、よう着ます。

比佐子　大島紬を着た芸妓さんに新幹線で会ったことある。頭は派手なのに渋い藍大島や泥大島を着ていた。昔、村山大島も着ていたんですって？

孝子　防寒や雨ゴート、塵除けにしている人もいはった。

比佐子　みんな黒衿を付けているのね。

孝子　舞妓ちゃんのコートとか楽屋入りの着物には、黒衿を付けてはるな、それとまあおしゃれ心かな（笑）。そういえば比佐子ちゃん赤いコートに黒のビロードの衿を付けてはったね。

比佐子　そう、真似して仕立てたの。だけどやかましい人に「そのスタイルは堅気の人のするものではありません」と諭されて。すごく気に入っていたのですけどね、時代的にまだそういうことを言う方がいたのですよ。

孝子　ところで、加賀友禅は西？　東？　西かなあ？

比佐子　文化的には西だと思う。古典芸能のお稽古が盛んだし、なにより箔の産地ですものね。着物に箔を入れることはあまりないけど、自然を描写した柄を着物に描いているわね。こちらも東の廓、西の廓とあって、芸妓の引着から発達している感じがする。小ぶりな草花がてんこ盛り（笑）で手描きされた引着はお品がいいのね。加賀友禅は黒留め袖にとても映える気がするの。華やかではないけど存在感があるという感じかな。有名な花嫁のれんは、友禅師を目指した若手の技術者のためにあったみたいね。京友禅の華やかさに対して加賀五彩（臙脂《えんじ》・藍・黄土・草・古代紫）が基本色で、箔も刺繍も施さず、繊細で優美な模様の着物だわね。加賀の人は加賀友禅の着物をさらりと着ていて、お品がいいと感じるわ。

加賀友禅も下絵から仕上がりまで、一人の友禅師の手によるものが多いのです。まずスケッチができないと、友禅師としての資格は難しい。取材した中では日本画を志した方も多くいらっしゃいました。

加賀には元々、梅の樹皮を煎じた液で染めた「梅染」という染があり、何度も梅染めした無地の着物に「加賀紋」と呼ばれる色鮮やかな友禅の紋を一越縮緬の着物に描いて楽しむ人がたくさんいたのです。

江戸時代は一時加賀紋の中に家紋を入れるという染め方も、家紋を持つことが許されている階級の中で流行っていました。十四代将軍家茂の正室和宮の衣裳に見ることができます。

加賀の女性は紋を大事にする生活があり、着物だけでなく袱紗や風呂敷、そして花嫁のれんにと家紋を大事に扱う風習が残っています。

加賀は東京の武士文化と京都の公家文化の融合というより、加賀独自の文化があり、そこに住む友禅師たちは、地色に渋みを見せ、その上に載せる模様は風月花が中心で、自然の中に息づく様子が生かされている着物を染めています。

当然加賀の女性たちは、小ぶりな模様の着物を好み、静かで明るいコーディネートがお得意のように感じるのです。控えめさの中に品がある感じでしょうか。花鳥風月の柄を生かす着物ですから、帯は古典柄の幾何学文様で格を上げた装いが多いように思います。

控えめの中の気品という装いの原点は、前田藩の立ち位置にも関係があるようです。

加賀を治めた前田家は豊臣家の重臣でした。しかし天下が徳川家に移ったとき、加賀百万石をいただいたのですが、「外様大名」でした。

そのため常に徳川家の監視の下に置かれていたのです。前田家の考えたことは

「武力を誇る」のではなく、「文化、芸術に力を入れる」ことに重きを置くことでした。それにより、茶道や能楽、それに伴う九谷焼などの焼き物、染織、箔、漆器、絵画、建築など、芸術や工芸の発展に力を注いだのです。

目立たずそれでいて居心地よく気品高く、人間としての深い教養が身に付いている、ということが加賀という土地に根付いた文化ではないでしょうか。

しかし何回かの加賀の取材の中で、ついにというか、やはり陰ではきちんと武力の鍛錬も怠りなかったという一面も見ることができ、「知恵をもって目立たず」という極意がこの地にあることがわかりました。

着物の地色や柄付けに、そしてまた、それを着る人の中にその思想は脈々と流れているのではないでしょうか。

孝子　東京も廓から東京友禅が生まれた？

比佐子　江戸の初めのほうは京友禅が主流だったでしょうが、だんだん江戸の職人たちの手による友禅染が発達したと思う。東京手描友禅という名は戦後の言い方で、昔は、江戸解き模様とか寛文模様、元禄模様などと言わていたのよ。東京の場合は、廓というより大奥が主導という感じがする。

孝子　そこで武士の裃や、大奥の女人たちの着物が東の人たちの基盤になったというわけやね。西の御所風、東の大奥風というのは着物の好みに残っているということやね。東の人が好む、縞とか格子、絣は気風に合ってるんやね。

大奥には５００人もの女性たちが勤務していました。その中で新旧入れ替えもあり、また宿下がりもあるので、大奥で着ていたような立派な柄の付いた着物は、一般には着られません。仕立て方も違います。それで大奥から下がった女性たちは、その着物を処分しました。つまり古着屋に売ったわけです。それを解いたのが「江戸解き」と言われているらしいのですが、その古着も流行の一つになったことでしょう。

大奥用の着物を染めた絵師たちも、一般の人たちに合うように、大奥用の柄に似せながら小ぶりな模様付けをしていたのではないでしょうか。その技術が東京手描友禅になって今日まで引き継がれていると思います。

また東京にも廓があります。東京では花柳界という言い方です。新橋、赤坂、神楽坂、芳町、浅草、向島が主なところ、また23区以外に八王子の花柳界も元気がいいですし、その他にもまだ花街があります。

黒紋付の引着には「柳結び」という東京独特の帯の結び方があり、普段着には大きい二重太鼓か後見結びを締めていますが、引着と柳結びのバランスがとても粋な感じ。柄は色がすっきりとした単色が多く、着姿がほっそり見えます。美女の基本「柳腰」はここから生まれたのでしょうか？

東京にも、東五彩というのがありました。墨、紫、小豆色、黄色、草色、とくにこの五色を全部混ぜた「鼠色」がのちにその鼠濃淡百色「百鼠」と言われるくらいに流行っています。

この地味な色を引き立てるのには「赤」が効き色だったようです。東の赤の使い方は「百鼠」があったからかもしれません。

明治の初期までは江戸の芸者さんたちの着物選びから柄の流行が始まったということもありました。例えば深川芸者の黒羽織は一世を風靡し、女たちが一斉に黒羽織を着始めたという経緯があります。

現在はさしずめタレントがファッションリーダーですが、着物を着る人が少ないので、着物の東西の違いも薄れてきているのかもしれません。とくに中央で編集されている着物雑誌の影響もあり、地域性が薄まっている感じもありますね。

羽二重を好む東
一越縮緬を尊ぶ西

比佐子　喪服に素材の違いがよく表れていたわね。最近はレンタルが主になっているので違いがわかりにくくなっているけど、自前の人の場合、東は羽二重、西は一越縮緬よね。そういえば孝子はんとある方の告別式に参列したとき、八掛にカラスの柄を染めていたわよね。びっくりした。

孝子　大きなお葬式は、みなさんずっと立っていはるでしょう？　今はホールを使うけどそういうとき、少しでも目の保養になるようにと思って作りました。あれは濡れガラスの縫いえ。東は真っ黒やもんね。

比佐子　そういうのも京都らしいおもてなしなのかしら。昔ね、やはり京都で告別式に参列したとき、私の前にかなり年配の婦人が地紋のあるグレイの無地に、陰紋一つ付けて、紫の三越縮緬の無地帯を合わせて、帯締め黒だったけど、帯揚げは白だったのね、その頃はお葬式には黒喪服と思っていたので、ついお声かけたのよ、「美しいです」って。そうしたらね、「私のような歳になると人を送るばかりで寂しいから、せめて着物を明るくしているのよ、黒を着るとますます悲しくなるものね」と話してくださった。なるほどと思ったわ。

孝子　西はね、お人さんを喜ばす、なにかほっこりさせるという気持ちで着物を着はる人が多いと思う。「自分だけの楽しみ」ではなくて、「お人さんにも喜んでいただこう」という気持ちが強いのかな。だから色とか柄が華やかになると思います。すっきりではなくて、これもあるあれもあるというように、いっぱい模様を描いて、お人さんに楽しんでもらったり。だから張りのある羽二重ではなくて、しっくりした感じの一越縮緬や、私は綸子《りんず》が好きなのでよく着ます。

比佐子　黒留め袖にも表れるわね、東は地紋のないものを好む。

孝子　だいたい綸子や緞子《どんす》の着物が多い。とくに綸子は、各お店によって地紋が違います。でも最近はレンタルが多いし、素材の好みもあまり違いがなくなったみたい。

白生地屋さんに取材をすると、素材の選び方はもう着る人ではなく、染める人が自分の染めやすい素材を選ぶようになったそうで、その白生地の種類も少なくなり、東西の好みの違いは薄れるでしょうという話。

糸目友禅には一越縮緬がいい、更紗は少し硬めの紬系の素材が染に味が出る、江戸小紋はしぼの高くない縮緬がいい、訪問着は地紋があるものがより華やかになる、繻子系の生地は色が浮き立って美しい、染縞はしぼの立っていない生地がいい、などそれぞれの染の種類に合う素材が求められていて、色や柄の好みが素材を決めていました。ですが、そういう選択もできないように、白生地の種類が少なくなったのです。

染の着物と紬の着物の間にある「お召」という素材は、東の人に好まれ、ちょっとあらたまった外出着として人気がありました。女学生の制服のような矢羽根の着物が記憶にあります。昭和20年以降は、呉服屋の志向のもとに着物を購入する人が増え、着物が持つ階級とか、職業で違っていた素材も一切なくなっています。

棒衿の長襦袢は東
広衿の長襦袢は西

比佐子　長襦袢の仕立て方は、いまだに東と西は大きく違っているわね。

孝子　まずは衿の仕立て。

比佐子　東は棒衿かバチ衿。

孝子　西は広衿、または紬や木綿の着物に対してバチ衿もあると思うえ。

比佐子　この衿の仕立ての違いは、着物の着方に大いに影響しているわよね。

孝子　西の人は衿をゆったりと合わせて、上半身にふっくらとした女らしさを出します。染の着物を着ることが多いから、あまりキリキリ締め上げない。首のまわりをゆったりとすると、顔の表情が柔らかくなる。東の人はなんであんなに衿を固くしてるんかようわからん。

比佐子　着物が広衿で、長襦袢の衿が棒衿だと、その衿に半衿を付けたら、半衿が中に入ってしまうのよ。それにセルロイドのような固い芯を入れるから、どうしても上半身をびしっと締め付けたような着方になるのね。東の人は元々、着物を紬やお召など、また木綿の着物を普段着で着ていたから、着物の衿も棒衿なのよ。その名残なのだと思う。着物の衿の仕立てがほとんど広衿になったのは、そんな昔ではないわ。

孝子　ところで、裾はどうなん？

比佐子　つい丈で着るけど。

孝子　西は長襦袢も着物丈と同じ、いう人が多いかな。そやから着るときは、おはしょり（からげ）する。私はつい丈にしているけど。

比佐子　ああそうだった、京都で長襦袢を仕立てていただいたら、裾上げしなければいけなくて、着付けに苦労したわ。でもあの仕立ては、裾が切れたら裾を下ろせばいいので、とても合理的だと思った。

孝子　いかに物を大事にするかの考え方やね。着物の仕立てても布が余っているときに縫い込むのは西、切り取る仕立ては東でしょう？

比佐子　そう、だから余った布が行方不明になっちゃうのよ。それで私の場合、余り布は内揚げにしてもらってる。そうすると裾が切れたとき布を出せるもの、着物って合理的にできているとつくづく思うわ。

孝子　着物の衿が広衿である限り、長襦袢の衿も広衿のほうが胸元は落ち着くと思うわ。

比佐子　二部式の襦袢を西の人はよく着ているでしょう？　そういうとき、裾除けはどういうのを使うの？

孝子　さらしの幅を広くして、胴回りをたっぷり自分に合わせて縫ってもらう。

比佐子　昔は二部式のほうが主流だったのよね。だって東も西も凝った柄の蹴出しが多かったもの。そういえば西が裾除けというのかしら、同じ下着でも呼び方が違っているのも面白い。

孝子　二部式の場合は、裾除けは華やかな小紋柄が多いえ。でも、私は二部式は着ません。

長襦袢の衿の形の違いは着物の素材に原因があるように思うのです。

東はどちらかと言えば固い素材の着物を好むことが多く、衿元をシャキッとしたいという気持ちで棒衿にして、衿元をすっきりさせていました。当然下半身もすっきりしたいので、長襦袢の長さはつい丈ということになったのでしょう。

西はゆったり着物を着るという感覚なので、広衿にして、顔の周りをふくよかに見せ、おっとりとした雰囲気を出すために、腰回りもゆったりと着付けたのでしょう。とろんとした生地の染の着物を着ることが多い西は、全体に膨らみを持たせた着方が、着映えするのだと感じるのです。

気性の違いもさることながら、生活行動が活発だった東の人の着物の着方は、アクティブな雰囲気を醸し出すために仕立て方にも影響をしていたのだと考えられます。

着物はその地方の生活習慣からの影響が強かったのです。

塩瀬羽二重の帯が多い東
縮緬帯を好む西

比佐子　西陣がおひざ元なので当然、織帯を締めるほうが西は多いでしょうけど、一般的には袋帯ではなくて、八寸の織帯を合わせている人が多いように思うのね。それに染帯もよく見かける。廓の帯はちゃんと季節の決まりがあるのよね。

孝子　大雑把に言えば、12月から3月は織帯が中心。4月、5月は塩瀬の染帯。6月から9月は、織の帯は絽つづれ、紗の織物、羅の織物（最近は羅の織物はなかなかない）、染帯は、絽の織物や麻などの植物繊維のものが使われている。10月、11月は染の帯で縮緬や塩瀬羽二重の帯。八寸名古屋帯をこの時期に合わせる人が多い。お正月とお祝いのときは、織物の袋帯。染の帯は季節の草花やね。東は花柳界を参考にするん？

比佐子　それは明治時代までで、そのあと急激に洋服の時代に入って、着物のしきたりは混とんとしたみたい。貴族階級があったので、こちらのお嬢様、奥様がファッションリーダーになっていたようね。染の丸帯や袋帯もかなり流行していたのよ。残された写真を見ると季節にはあまりこだわってはいなかったみたい。花鳥風月に関しては、旬を尊んではいるけど、塩瀬羽二重より、繻子地の帯が流行っていて、刺繍や素描、油絵などで季節の花を描いている。大胆な帯が多く残っているわね。昭和初期まで着物は洋服に負けないくらい自由な表現をしていたのよ。

孝子　京都には戦後、着物着付け学校ができたりしました。いろいろ取り決めしはったらしい。自由と言っても、それなりのお約束は大事にしてはる人もいはるでしょう？　そういう人たちが、着物のルールを守ってらっしゃるんでしょうね。

比佐子　東は一時、帯のお太鼓をクッションのように大きく結ぶのが流行ったのよ。それを見て外国の方が、背中のクッションはなんの意味があるのかと（笑）。その後「銀座結び」と呼んだ「引き抜き結び」が人気になり、着物雑誌の撮影用の着方が模範になってしまって、なんだか東は味気なくなった。そこへ行くと西は着物の伝統の美を守っているわね。

孝子　帯結びにおいては、やはり京都は西陣や染の人たちが多いので、帯の表情を生かした帯結びをしてはる。「変わり結び」はあまり見ないわ。後姿の美しさを強調した「お太鼓結び」など、シンプルな結び方がええんと違うかなあ。つまりオーソドックス。でもそれが見る人にも安心感を与えるんと違うやろうか。

比佐子　京都に本店のあるお店が東京にも支店を出していて、やはり東の好みは色が少ないと言ってる。そして帯で着姿にアクセントを付けるという着方が定着しているみたいだと。

孝子　京都の花街専門の着物屋さんが、今はもうそれだけでは経営も大変だから、色や柄を考慮して、一般向けに染めた帯が東でも受け入れられているみたい。東京で展示会を開かはって凄く人気らしいわ。

比佐子　時々顔を出すのよ私も。でも縞とか絣、江戸小紋には京都の帯はやさしすぎて、塩沢とか、大島のような細かい絣にはとてもいいと思う。そうか、だから孝子はん、塩沢や薩摩絣《がすり》、大島紬などよく着てるのね。東と西の距離が縮まってきているようだけど、いざ購入というところで、やはり微妙に好みが違うのよね、その土地の感性というのは歴史が引っ張っているのでしょうね。

湯文字の東　おいまきの西

孝子　比佐子ちゃんが湯文字湯文字と大宣伝してはる、同じものだけどこちらは「おいまき」と呼ぶ下着があるのよ、おいどをまくという意味だけど。

比佐子　湯文字は御所ことばではなかった？　御所ではお風呂を使うことを「湯文字します」という言葉で表していたと古書で読んだことがある。おいどってお尻のことでしょう？　なんと優雅な表現でしょう！

孝子　今の人はこの下着があるんやろうか？

比佐子　まだ洋服用のパンツが一般的になって１００年くらいしか経っていないのにね。湯文字とかおいまきはすっかり着物姿から遠のいた感じがするわ。おいどは力布ではなくて、紐で結ぶようになってるわよね。

孝子　一般的な言葉で言えば「腰巻」という形だと思う。

比佐子　生地は？

孝子　木綿やね、おばあちゃんの時代から同じ形と思う。湯文字ってどんなん？

比佐子　お腹に来る部分の布を「力布」と言ってるのだけど、そこを木綿や絹にすることが多い。その力布でお腹のぜい肉を引っ張り上げたり、お尻を上げたりする効果があるの。

孝子　東の人が付けているの？

比佐子　そうでもない。どちらかというと多くの人に付けてほしい下着よ。元々やんごとなき人たちの物だったみたい。私はもう今では手放せない。

孝子　私たちは寒くなると踊りのときに使う下着として足元に膝までの長さのケハン（脚絆《きゃはん》）を履くことが多いえ。

比佐子　和装ストッキングのこと？　東では股割れと言うのもあるね。絹や、紗も出てきているけど。

孝子　ベンベルグが一般的やね、これは踊りの人たちから広まったんやろうね。

比佐子　これを身に付ければトイレも楽ですものね。下着がだんだんと洋服用になってきて、着物を着るときにも使うので、用を足すのに不便を感じ、それが着物から離れる要素になっているかもしれないと思うわ。

孝子　下着類は手作りが当たり前の時代が長かったの。これは東だ西だという違いはあまりないかもしれへんえ、それぞれの家庭の作り方でつなげてきたのだと思う。

比佐子　確かにね。今は既製品が多くほとんどは京都で作られているのよ。というより各着物学校の「下着」になっているのかもしれない。そのため、昔ながらのシンプルな下着は探せない時代になっているわ。下着はそれこそ、その地方の気候に合った素材や形があるので、さらに調べてみる必要があるのかもしれないわね。私は長年の着用経験で湯文字が最もいい下着だっと思っているの（笑）。

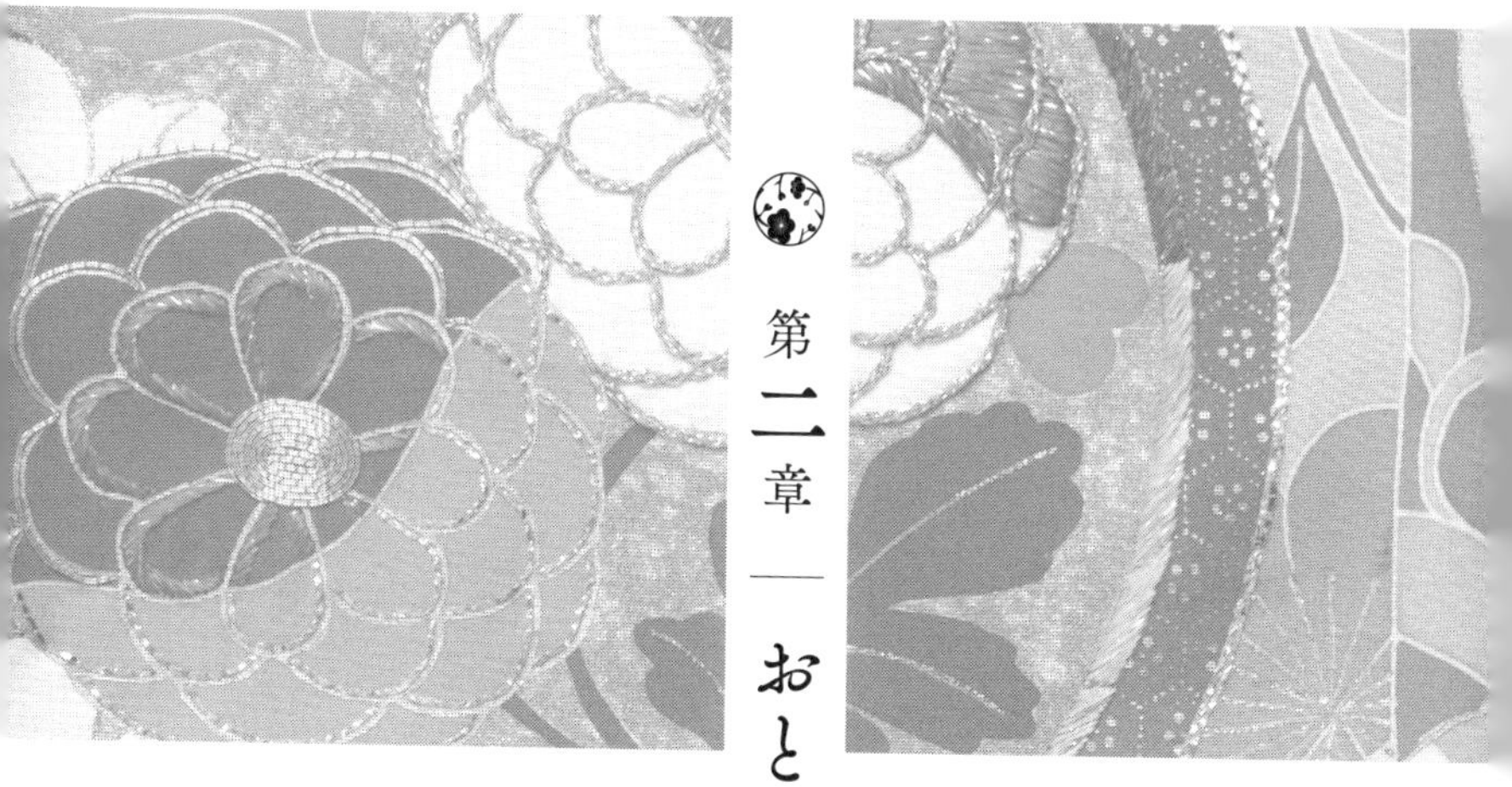

第二章 — おとこ着物東西

文明開化によって変化した着物の着方

全国を取材していると、男の着物の着方は模範であった年長者の着方をそのまま踏まえていることが多いように感じました。

また昭和30年代はまだかろうじて、外から帰ってきた男たちが「家着」として着物を着ることが多かったようです。

勤めから帰ってきた夫の肩に妻が着物をかけ、肩に着物をかけたまま夫は、外出用の洋服を手早く脱ぎ、着物の袖に手を通し、しゃがんで足袋を履いて、妻が注いだお茶でまず一服。という風景を一般家庭で見られたのです。

夫がお茶をすすっている間に、妻は手早く洋服の上着にブラシをかけ、ワイシャツや下着を洗濯籠に入れて、一緒に食卓に座って世間話。子供たちはその二人の姿を見て育っていたので、結婚生活のイメージが頭に刻まれていました。

このような家庭での何気ない習慣が、小津安二郎監督などの手によって映画で再現され、男の着物姿の基本が「家庭でのくつろぎ着」というかたちで定着していきました。そこで着られる着物は、ウールや大島紬、久留米絣が多く、帯は兵児帯という絞りのもの、そして冬はそのうえに綿入れの羽織や、丹前といったものでした。

明治の文明開化で、男たちは一気に洋装になっていきました。ですが、まだ洋服には体がなじめず、逆に昭和になってもくつろぐという感覚でいうと多くの人にとって着物が解放的で身も心も癒されていた時代でした。

その時代を垣間見た子供たちの「男の着物」は、礼装としての黒紋付と家庭着としてのウールや木綿、大島紬の紺絣でした。そして全国的に「礼装」と「家庭着」しかなかったというのが実情でもありました。

その後、世の中が洋服中心になり、家に帰っても洋服でくつろぐのが当たり前の生活になると、今度は男の着物の「お洒落着」が登場してきました。

不思議なものでそのお洒落着にも「東と西」の好みがはっきりと表れてきたのです。

東は着流し 西は羽織姿がおしゃれ

比佐子　殿方の着物にも東と西の着方の違いがあるわね。東は着流しが、かっこいいという風潮で、西へ来ると品よく羽織を着ている人が多い。

孝子　京都も大阪もお茶や古典芸能のお家元が多いから、その影響で男はんの着物姿にはどこか、品があります。

比佐子　そうね、お行儀がいいという感じかしら。全体的に寸法が東と違うみたいね、西は全体的にゆったりとしている。裄もお袖は、手首まで隠れているし、胴回りもゆとりを持たせた感じがする。しかも裾が完全に踵を包み込んでいる。

孝子　京都は男はんもお稽古ごとなさる方が多い。自分の体つきに合った仕立てをしてもらうから、きっちりと身にそいます。

比佐子　京都の着物の仕立てと東京の仕立ては、縫う順序まで違うのね。着物を裁つのは一緒だけど、身頃から縫う（東）、袖から縫う（西）という違いがあるのよね、今は縫い方の順序は学校で教わるのが主流だから統一されているようだけど、まだ個人個人が縫っていた頃は、袖口と褄《つま》先の始末を大事に考える東と、裾のふきの部分を重要視する西、という違いがあったんですってよ。

孝子　男はんは、おはしょりがないから寸法はきちんとせなあかんわね、でも着方が上手なお人は、帯を締めるときに器用に丈の調節しはりますえ。

比佐子　お座敷に上がってくる殿方の着物姿はどんな感じなの？

孝子　奥様の着付けが左右します。

比佐子　ご自分で着ることはあまりない？

孝子　もちろんご自分でも着はる。でも外に行くときや、お座敷に上がるということは、奥様にとっても人事ではないわけ。

比佐子　なんせ着物の「通」の場所に自分の旦那を送り出すのだから、戦場に夫を送り出すくらいの心構えが必要なのかしらね。

孝子　コーディネートにも気を配っていはるゆうのんが、ようわかります。着物と羽織はお対が多い。関西（京都）はね。

比佐子　東は着物と羽織は無地濃淡という合わせ方が多いわね、着物が無地で羽織が小紋という合わせ方だと、一気に西風になる感じ。着物は小紋で羽織が無地という合わせ方もあまり東向きではないわね。小紋でも江戸小紋のような無地に見える細かい小紋だと、江戸っぽくなるけどね。

孝子　お座敷は、個人で遊びに来はる人も多いので、「着物を着てふらりと寄った」みたいな遊び方がええ感じやね。

比佐子　「羽織を着る」のは、なにか意味があるの？

孝子　正装やからね。

比佐子　あとね、映画の影響も大きいと思うのね。京都は太秦で時代劇、東京は大泉の東映でやくざ映画、やくざは着流しですものね。男たちはそれに憧れているのよ。だから羽織は野暮ったいと見るのかしら。

孝子　それとやはり、男はんにも公家文化の「雅」を尊ぶという気位があるやろね。なんと言っても、同じ武士でも平家の公達は薄化粧をして戦ったというくらいですものね。

比佐子　平家物語に書いてあるわね、敦盛のこと。鉄漿《かね》をしていたのでしょう？歌舞音曲や能を嗜む、かたや源氏の武士たちは、武芸を極め、旗も白無垢、平家は錦や刺繍を施した赤地の旗。

孝子　そのあたりの気風が今に残ってるんと違うかな。それにいろんな流派のお家元がおいでやし、格というものを大事にしている感じもする。良い生地の物を身に付けて、それを次の代に繋いでいくという家風も残ってる。

比佐子　京都は流通の本場ですものね、全国から良質のものが集まり、そこに住む人も目が肥えていますものね。

孝子　そうそう、ちょっと手繰ればすぐそばに着物関係の人がおられるという町です。

比佐子　みんなの目が肥えているから、良いものを長く大切に着る、あまり奇をてらったものは着ない、格を重んじる、というのがわかる気がする。その中で殿方の着物は、先祖の知恵を生かしながら、格調高く着るというのが基本になるのかな。

孝子　そうやね、なんでも繋いでいくのが京都の暮らし方。そしてそこに少し「新しいこと」を加えていくというか、その新しいことにも「品」がないとあきません。

比佐子　また京都は明治維新の中心的な場所だったので、いろんな地方の男たちが出入りしたわけでしょう？　そういう中でも京都の男たちは自分のスタイルを変えていないのよね。逆に他の地の男たちが京文化に影響されて帰っていく、という図式ね。

孝子　それは先祖から教えられ、伝えられたことに、しんそこ自信を持っているのだと思う。私は親の背を見て育っているから、それが普通の事だと思っています。

同じ西でも大阪は京都と違う

大阪は商いの町であると同時に町人の活気があふれています。船場には大阪の繊維の問屋が多かったのですが、京都と違い素材が中心で、糸相場などが盛んでした。つまり経済の町なのですね。

大阪の問屋さんや大阪商人、そして大阪に住む人たちを取材すると東京で流されている「大阪は派手好み」という感覚が消えるのです。確かに明るい色が好まれるし、とくに昨今は「大阪のおばはん」と言って、にぎやかで派手な中年女のイメージ作りになっていますが、本当は誠実で堅実です。

それは江戸時代に作り上げられた浪速人の心構えのように思います。平安時代、明治維新を中心に栄えた京都に対して、大阪は江戸時代を存分に身に付けているというのが私の印象です。浪速の男の着物姿にそれが表れています。

浪速の男は「粋（すい）」江戸の男は「粋（いき）」、同じ文字でも表し方が違います。

「粋（すい）」という意味はぼやっとしているところがあるけど、芯があるという意味らしいのです。外側は粗末に見せていて内側に凝っている、というお洒落の方式です。

大阪は「到来物」を重んじるところで、更紗柄が最も流行った地です。しかしそれを表に着るのではなく、長襦袢や下重ねに用いる、またはコートの裏にする、という気風です。

では表は？　というと最も好まれたのが「結城紬」です。「渋み」を生かす着方が好みですから、テラッと光らない生地がいいわけです。大店の旦那は結城紬を表に着て、中に古渡更紗をさりげなく着ている、というのが「粋（すい）」なのです。

今でも古渡更紗というジャンルの昔の着物は好まれています。しかしそれを表に出して着ているわけではありません。表に渋みのある着物を着るわけですが、それが「もっさり」していては駄目なのです。なにか深いところに隠された味がないと、そしてひそやかな色気を感じさせないと、着物を着る価値がないと考えているのです。

また元々、素材の繊維を扱っている町ですから、「やすもん」の素材はダメなのです。

「こうと」という言葉があるのですが、それは「公道《こうとう》」正しい道。つまり「ほんまもん」で、艶があるのが上等、まさに結城紬はそれに適ったものだったわけです。

京都はあまり縞物や絣を着ないのですが、大阪では縞のことを柳条《しま》と呼ぶお召や上田紬が江戸時代に流行っていて、町人たちは好んで着ていました。今でもはっきりした縞ではなく、柳条縮緬などの縞模様の着物に、無地のお召を合わせた着方の人を見かけます。

また商人たちは社交も必要なので、渋みの中に甘みを出す着方が得意です。袖口にオレンジ系の裏を付けてみたり、裾にふき綿を入れて、裏に赤茶色の絹を使ったりします。

あるとき大店の旦那を取材しました。

「浪速男の着物の神髄は玉露でっせ、なかたにはん」

とニタッと笑って、説明はなかったのですが、聞くのも野暮だと思い、それは深いところに隠された味を感じなさい。ということだったかと思っています。

若い頃の取材はこのように謎かけが多く、次にお会いするまでに自分なりに解いていくと、機嫌良くさらに深い取材ができたものです。微に入り細に入り教えてもらえないのですね、自分で答えを見つけてそれを披露すると、それが間違っていても、さらに詳しいことを説明してくれるわけです。

大阪の染の現場に行くと、色をいったん隠してしまう、落としてしまう、真っ赤に染めたらそこにグレイを引き染して、甘い色を隠してしまう。しかし、じわっと甘さが見えてくるような複雑な色味の様子を現場で見たことがあります。

それを見て「あの大店の旦那の言葉はこれだったのだな」と確認できました。日清戦争以降、大阪にも小紋を着る男たちが増え派手さを好む風潮になってきたそうですが、その小紋や染物は、下重ねか長襦袢に用いられました。

また「羽織を着る」のも商人文化で、着流しは失礼にあたるという考え方が一般的です。それに季節によって素材や色を変えるという感性も、大阪に色濃く残っています。

東京は粋《いき》が命

　江戸は京都や大阪に比べると、歴史が新しいのです。そのためにややこしい頭をひねるような着物の着方はありません。じつにさっぱりとしています。西の人々に言わせると、「文化度が低い」のだそうです。

　江戸は武士と職人の町です。大店はほとんどが西から来て支店を作っています。そのため江戸時代も初期の頃は、西の文化が好まれていましたが、町が成熟するにつれ、江戸の独立した文化が現れました。

　江戸から東京になると、東京も「山の手」「下町」と文化が二分されてきて、東の文化は一枚岩ではなくなりましたが、やはり武士と町人の好みは男の着物姿に残っています。

東の男は「いき（粋）」「いなせ（鯔背）」「いきみ」に命をかけています。「いき」はまさしく勢いです。正義に向かって突っ走るという感覚ですから、昭和40年代に流行った東映のやくざ映画がしっかりと、東の男たちの心をつかんだのでしょう。

西の男たちも圧力に屈しないという熱い心はあるのですが、それは深いところで発信するという手はずを持っています。無言のレジスタンスという感覚です。律儀であること、堅気、実直という表の姿が、きちんと羽織を着て表向きの華やかさを消す。というところに現れています。

東は動きやすいように着流しスタイル、帯は博多献上で貝の口にシャキッと結び、結びめは脇にずらせる。袷合わせは縦に長く、着物丈は足首が出るほどに、とくに東の男たちは「履き物」に凝るのです。すぐ走れるように鼻緒をつっかけて歩くので雪駄が人気。西はゆったり考えて物事を行うので、踵が隠れてしまうような草履が用いられます。

「弱きを助け強きを挫く」という想いが強い東は、なにもかもがさっぱりとしていなければ粋ではないのです。背筋を伸ばして歩く、それが生き方にも通じるのが「いなせ」です。すべてに無駄を省きますので、贅肉が付くのを嫌います。絹のパッチ（股引き）を穿いて（これって座れない）、座って油を売らない、べとべとするのが嫌なわけです。着物の寸法も西に比べるとほっそりとしています。「小肌売りの姿が鯔背という」と歴史作家の樋口清之先生に教わったことがあります。

　高価なものをちゃらちゃら身に付けるのは最も野暮で、軽蔑されるのですね。着るものは「竹のようにまっすぐ落ちていく柄がいい」ということで、縦縞の着物が好まれています。縦縞には勢いがあるという見方です。

色は紺とか茶、鼠色、草色、黄土色などが好まれていて、江戸時代には、黄八丈や上田縞は最も流行した縞です。

明治に入ると明治政府の要職に薩摩藩の人が多かったためか、奄美大島で生産される大島紬が一気に広がります。それが今日まで続いていて、東の男の日常着には大島紬が外せません。関東で生産される結城紬が大阪で流行り、西の九州で生産する大島紬が東の東京では制服のように男たちが着るという風潮、なにか面白いものがあります。

　ついでの話ですが、国政選挙が近づくと大島紬が異常な売れ行きになった時代がありました。今のように政治基金問題がうるさくない頃、票田を持っている有権者に大島紬一疋（二反分。羽織と着物分）を桐箱に入れて配ったということがありました。先日ある場所で「親父の遺品から出てきた」という方に見せていただきましたが、見事な藍大島が桐箱に鎮座していました。

伝統芸能の衣装に現れる東西の特徴

東の歌舞伎衣装と西の文楽人形衣裳、また上方落語の衣裳と江戸落語の人たちの衣裳、この衣裳の違いが、西と東の男の着物の違いを表しています。

例えば双方よく演目に出す「寺子屋」の松王丸は江戸歌舞伎の衣裳は濃い鼠色、文楽では黒地になっています。舞台では黒は華やかだし、しかも光の反射があって、ふきの白との対比が艶っぽいのです。

面白いことに江戸では歌舞伎役者の衣裳が恐ろしい勢いで大流行し、その色や柄も今に残っていますが、西では歌舞伎も文楽人形の衣裳も、それはそれという感覚で「流行りもの」になっていません。

芝居での衣装の違いが、そのまま東西の着物の好みになっていますが、その源流は歌舞伎衣装からでしょう。

江戸では、正月には必ず市川團十郎の「矢の根」が演じられていたのですが、ここで「見得を切る」という目を見開きにらみを効かせて悪を追い払う動作があり、そのときに衣装は、渋い色目を使い、赤を効かせます。

いっぽうは江戸時代の浪速では「曾根崎心中」のような、世話物が大衆に受けていまして、身に付ける着物も華やかです。男は格子縞が多く、女形を引き立てます。

江戸歌舞伎は「荒事」と言われ、主人公はスーパーマン、観客に爽快感を与えるためにも、メリハリの効いた無地の着物になります。形は直線的で、ピンと張った型「暫《しばらく》」のような衣装になります。

浪速の「濡事《ぬれごと》」はしっとりとしたリアリズムで、肩の力をストンと落とし、美男・美女が演じないと客は承知しません。そのため、男もやさしさの出る細かい柄の着物、女は華やぎの出る明るい色という組み合わせができ上がります。

上方の所作は「ゆったり」。言葉にも思いを込めて、くどいほどに細かく描写します。

いっぽう江戸は、きびきびとめりはりを効かせ、声を張り上げて言葉を放つ。この二つの違いがそのまま衣装の好みとなって、現れているように思うのです。

現在でも、大阪の男が羽織を好むのは、上方歌舞伎で、羽織の所作が重要視されていたことと関係があるかも知れません。

東と西のそれぞれの特徴は時代とともに薄れてきていますが、根本的なところは残っています。そのどちらの装いがいいかというのは、着る人の性格が東向きなのか、西向きなのかで変わってくるのではないでしょうか。

第三章 — 言葉が明かす東西

言葉そのままの意味を持つ東
イントネーションが決め手の西

「五月の鯉の吹き流し」でお腹にはなにもない。東は口とお腹は一緒だけど、とくに京都はお腹の中がよくわからない、という説が多いですね。口は悪いけど心は温かい、東。対して西は、口はやさしいけど心の中は口と逆。という感想も多いものです。

比佐子　京都の言葉は理解するまで大変よね。かの有名な、「ぶぶ漬けでもどうどす?」という言葉はほんとなの?　ぼつぼつお帰りくださいという意味だというのだけど。

孝子　嘘どすえ。広めたお方も知っているけど「ぶぶ漬け」いうのは、逆に手間がかかります、お湯を沸かして、お出汁を取って、お漬物刻んでなんてこと、よほど親しい人にしか出さはらしまへんえ。それに、早ようお帰りというしるしに、箒逆さにするとかね、そんなんでたらめやね。失礼やと思うけど。

比佐子　「京ことば」はやさしいし、おっとりしているので面白がってからかったのかしらね。

孝子　まあ、京都のある女性が言い出しっぺなんえ。迷惑やわぁ。

比佐子　京都での取材を始めた頃ね、ある問屋に行って、こちらの立てた企画の話をして協力を要請したのね、それで「よろしくお願いします」と言ったら「へえ考えときますわ」とおっしゃったので、承諾していただけたと思い、返事を待っていたのね。一週間経ってもお返事がないので「先日のお話考えていただけましたでしょうか？」って電話したの。そしたら「はあーなんでしたやろ？」そして初めからまた電話で延々と説明したのだけど、「その話あかんのですわ」と。

孝子　「考えときますわ」とのお答えはお断り、「考えません」ということ。それと、とりあえず受け付けました。という意味もあります。

比佐子　「考えとき――ません」ということね。あとで西陣の親しくなった社長にその話をしたら「そらあかんわ、飛び込み取材はあかん。今度は、わし紹介したるで」と言われました。一見さんはダメというのは祇園だけではないのよね。

孝子　京都は横の繋がり、人と人の信頼関係を重んじて、お人との仲を深めていくさかいに、それで言葉が大事になるんやと思うわ。

比佐子　そうそう、「おおきに」という言葉は深いわね。イントネーションに気を付けてないと、お礼を言ってくださっているのか、拒否されているのかがわからない。

孝子　そうやね（笑）。「おおきに」は、ハイお聞きしました。「おお**き**に」の「き」にアクセントが付いたらありがとう、「**いやー**おお**き**に」のように「いやー」

が付いたら本当にうれしい、ありがとう。「お**お**きに」の「お」にアクセントが付いたら否定やね（笑）。

比佐子　すごいよね、おおきにだけでこれだけの表現がある。まだあるのでしょうけど公には秘密なのね。大体「いやー」という感嘆詞が出たら、まあまあ肯定しているということでしょう？

孝子　東はどうえ？

比佐子　「ありがとう」に否定の意味はないわね（笑）。

孝子　東はきっぱりした口調だから、ちょっと怖い感じもするかな、しかも命令口調でしょう？「これしなさい」「これやりなさい」「やって頂戴」という言葉は東やね。こちらは「これしはったらどうどす？」「これやっておくれやす」

比佐子　厳しい言い方はしないのよね、だけど奥に厳しさを秘めているという感じがするのよどうも、考えすぎかな。

孝子　さすがやね、包んだような言い方をしながら、相手の反応を見ているという感じはあるわね。そやから相手を理解したら深いお付き合いができるようになります。

比佐子　京都は宮廷を巡って、いろんな施政者が入れ代わり立ち代わるから、本心をなかなか見せないと言う学者もいらっしゃるけど、そういう影響もあるのかしらね。

孝子　どの時代もあらゆる国から人が集まってきて、またすぐ帰っていくということの繰り返しが長かったから、地付きの人たちはしっかり自分の生活を守ることが、一番大事にせんならん事やった。

比佐子　もう一つ面白い言葉がある、「あほうやなあ」という言葉。「あんたあほうやなあ」と言われるとつい笑っちゃうのね、なんか愛されている感じがする。どこかユーモアを感じるのよ。「バカじゃあないの」と言われると、すごく軽蔑されているように思うの。

孝子　「あほうやなあ」というのにも言い方があるのえ。「あんたあほとちゃう？」（同情の気持ち）「あほか！」（怒ってる）「あほくさ」（バカにしている）

比佐子　「どあほ」

孝子　それは「大阪ことば」。あとね「あんぽんたん」という言葉もある（笑）。

比佐子　なにそれおかしい、そんな言葉を遣うの？　今でも？

孝子　喧嘩したら自分が醜うなるから、お互いに厳しいことは言わないように言葉を選んでいはるわね。だからよその人から見たら、奥歯にものが挟まっているように聞こえるのかもね。

比佐子　孝子はんをはじめ京都の方は、いえ大阪もだけど「そうどすなあ」とか「そうやねえ」というお返事が多いのね、どっちつかずのときに使うんでしょう？　YESでもなくNOでもない。

孝子　考えるときやね、NOでも「そうどすなあ」と言うときもある。相手に刺激を与えんようにという気配りと違うかな。質問されたら一旦飲み込んで反復してその場にふさわしい言葉を探すんやと思う。その間「そうどすなあ」と前振りしておく。

比佐子　良い悪いのどっちかはっきりしてよ、と言いたくなるのね。長くお付き合いしていると、そのニュアンスはわかるし、断られたなあ、とか気が進まないのね、じゃ退散しようと思う。だけど、そこで引くと「まあよろしゅうおすやろ」と引き留めたりするのね。

孝子　引き方にもルールいうものがあるのえ。

比佐子　さっと引いたらあかんの？

孝子　そうーや。「ほなおおきに、おたのもうします、さいなら」

比佐子　なにも頼んでないけど、それって言葉遊びね。

孝子　余韻いうもんと違うかな。こちらの推量で言葉の情味をくみ取りながら次に繋げていくのえ。

比佐子　孝子はんとお付き合いさせてもらったおかげで、この言葉の余韻というのはよく理解できるようになりましたわ、お礼申し上げます（笑）。だから私、言葉の解釈であまり失敗しなくて済んだわ。

孝子　「だから」というのは東ことばやね、西は「そやから」とか「そやさかい」という言い方。

比佐子　そうそう、それと面白い言葉の表現方法があるわ。「行きましょう」と言うところを「いきまひょ」「ちょっと手かして」を「てーえかしてくれへんやろか」「あっ目にゴミが入った」と言うところ「ああめーにごみ入らはったわ」こういう言い方はいざというとき、間に合わない感じよね。

孝子　東の人の物言いは、上から言ってる感じで、怖いなあと思うこともあるえ。それに早口やし、聞きとれんときもある。それにアクセントが真反対やしね。

比佐子　京都の人も大阪の人もどこへ行っても、自分の土地の言葉で話すでしょう？これって自分たちの都のほうが歴史が古いので、「標準語なんて使えない」という気位かと思っていたのね。でも孝子はんが言ったように、単語のアクセントが真逆なのよ。「くも」は、同じ発音になると東は「蜘蛛」西は「雲」。「はし」は、東が「箸」西が「橋」。同じ発音だとこのように意味が違ってくるのよね。それで標準語の発音ができないのではないかなと思うようになったの、もちろんご自分の土地の言葉に誇りを持っていることも認める。

孝子　そう標準語はよう話さしまへんわ。この会話のテンポと着物を着て歩く速度が同じやもんなあ、履き物もハンドバッグのような小物もみんな西は、かいらしいいし、おっとりしてはるわな。

比佐子　言葉のテンポが、考え方や着るものの好み、食べる味の違いまで作ったということかしら。

孝子　よう東は空っ風が強いから、足早に歩くし、言葉も早いって聞いたことあるえ。京都も大阪も山は近いし川も豊富、水蒸気が多いので、ぼやーとした中にも芯のある人たちを育てたそうや。

比佐子　なるほどね。西陣とか室町に取材に行くでしょう？　だれだれの紹介というのが「この紋所が目に入らぬか」みたいに効くのね。そのとき紹介者の「格」というものもわかる。力のある人の紹介だと社長が出てくる。そして専務、常務、部長となるのね、さらに相手に利になる話だと、料亭に連れて行ってくれる。じつにわかりやすい利得優先だと思うわ。

孝子　商いの道は当然と違う？　知らん人は要警戒やしね。名刺に書かれた肩書だけで、信用するいうのはあまりないわね。その代わり、身上がわかり人柄を知ると付き合い方が変わってくるでしょう？

比佐子　でも利用価値がないとわかるとスパッと切るね。無駄がない。

孝子　それも賢く生きる道やし（笑）。

比佐子　名刺といえば、こちらから名刺を出さない限り、自分からはまず出さないお人が多いのね。名刺出すとそれをしげしげと見て「ええもんいただきおおきに」と言うのよ。なにか見定めているみたいに勘ぐってしまう。こちらは「下の者から名刺を先に出す」という風に教えられていたので、すぐに名刺出すのよね。そうしたらゆっくり舐めるように見て（笑）おもむろに名刺を出す。

孝子　最近はそうでもないと思うえ、ビジネス関係は東風になってきた。

比佐子　そうやろね、おかげさんでいいお付き合いさせてもろうてるえ（笑）。

孝子　イントネーションが全然違う（笑）。

比佐子　ほらほらそれね、京都人とパリのマダムは似ているのよね。パリに滞在したとき、店で水を購入したのね、水は「アグウア」というでしょう？　その水という発音が違うと言って何回も発音させられたの、もういい加減にして！　と思って、「水頂戴な」と日本語で言ったら「ハイ」というのよ（笑）。京都人もそういうところあるわよね。東は寛大だから、どんな方言でも一生懸命聞いて理解しようという姿勢があるもの。

孝子　へーそうどすか、それはいろんなお国のお人が集まって生活していはるからやおへんか？　こっちは地のもんが多いさかいに、その土地の文化を守ろうと思うてはるんと違うかな。

比佐子　ハイ、その通りだと思います（笑）。

言葉のニュアンスが異なる
京都と大阪

大阪にもいろんなことで取材を重ねましたが、どちらかというと、大阪のことば遣いは東京に似ているところもあり、京都とはかなり違いがあります。

これは、どの都市にも言えるのですが、東京の「山の手ことば」「下町ことば」に違いがあるようにそれぞれの町には、その場所独自のことばがあります。

一言に京都弁と言っても廓ことば、中京区の問屋ことば、西陣などの職人ことば、寺ことば、料理人ことば、町ことばがあるように、大阪にも、船場ことば、浄瑠璃ことば、花柳界、商人、町方や岸和田、河内のような江戸っ子ことばに似た歯切れの良い言いようがあったりします。

京都の公家ことばに対して、大阪は日本の経済を動かしている商人ことばがあります。

大阪人は政治のことは東京に任すけど、「経済はウットコじゃあ」という自負があるように思うのです。それに対して京都は文化を尊び警鐘を鳴らすというところでしょうか。ですから京都も大阪も、自分の土地の言葉に誇りを持っていて、他の国の言葉には迎合しません。

それが生き方、装い方、料理の味、暮らしぶりや住み方、ひいてはものの考え方にも、それぞれの違いを崩しません。性格も一本筋が通っているように思うのです。

とくに大阪人の腹の中には、東京は日本国の寄せ集めという感覚が、言葉の端々に見え隠れするのです。初対面でよく「ご生国は？」と聞かれます。そのとき「東京生まれ」と言うとなんとなく引く気配が見えるです。地方の名前が出ると、一気に距離が縮まります。これは東京を強く意識していることの証です。

東京生まれの人の前ではことさら大阪弁が連発されます。そして聞いていると、

大阪弁は母音を長く引っ張るなあと思います。例えば、

「これ見いーや」（「これ見て」）

「もうはろーーたえ」（「もう払った」）

「そうおーやねえ」「そうやねえ」（「そうね」）

「あれーあらへんわ」（「ないわ」）

「そうやさかいに」（「そうです」）

「よろしゅうおますなあ」（「いいわね」）

「そうでっか」（「そう」）

「これなんぼやねん」（「いくら？」）

こうやって拾ってみると確かに東ことばはそっけなく感じる、根本的に東は母音を短く発音し、西は母音を長く発音するので、そこにゆったり感が出るのだと思うのです。

着物のところでも触れましたが、このおっとり感に合った花模様など模様の多い着物を着ることが一般的な西。いっぽう東は母音が短い言葉を吐くために、飾

り物のない縞や無地に見える江戸小紋などが好まれるわけでしょう。

男の着物にしてもそうです。小気味いいテンポのある会話をする東は、着流しを着て、すいすい歩きたい。理想はきっと歌舞伎十八番の「助六」の姿でしょう。

歌舞伎も荒事の江戸歌舞伎は大きな所作、啖呵を切るかっこ良さが、大いに受け、そのときの早口言葉にみんな酔いしれるのです。

上方歌舞伎は世話物が中心で、人の情に訴えるセリフが観客の心を打ちます。そのため所作も微細で言葉もおっとり、語りを利かせるという感じが受けるのですね。

大阪の男たちは「船場の格式ある装い」の流れを引いているので、お召や結城紬を良しとしても着流しはせず、羽織を着る方が多い。しかも着物と羽織の色を変えて着るので、ちょっと改まった雰囲気を持ちます。その姿が母音を長く伸ばす言葉使いとマッチしているのが興味深いところです。

いっぽう東は母音を短くして会話をする流れから、羽織を着ても同じ色。またあるとき、同色濃淡、同じ柄のお対を着て、どこまでも短い言葉で会話をするという雰囲気を装いの上でも漂わせます。

伝統の京都、計量精神の大阪
おひざ元の誇りを持つ東京

東京は政治の中心、近代文化の中心、そして皇居があるということから「日本の中心は東京だ」という自負が見え隠れしています。そのため「高飛車な物言い」という雰囲気を持ってしまうことも多いようです。

東京落語を聞いた京都の女性が、「上から目線で人を小馬鹿にしていて、ちーとも笑わへんかった」とおっしゃっていて不評でした。

また銀座のデパートでは、美術工芸を誇る古い着物の展示会を見た京都と大阪の友人が、〝日本で最も価値ある着物の展示会〟と書いた文章に、

「こーーんなおべべ、ちーともええもんとちやう、ほんまもんやあらへんで」

と会場で私に告げたけど、その声を主催者が聞き付けて挨拶に駆け寄ったら、件の女性は「よろしおすな」と一言。私を促し会場の外に出て、「あれはあかんのと違う？　あーんなもん、伝統工芸でもなんでもあらへん、ただの古着やおへんか」と興奮冷めやらずです。

お茶席に出ても、「絶対京都大阪が本家」という誇りがあるので、着ているものから作法に至るまで、なんとも気に入らないらしいですね。こんな様子ではどこへ行ってもご自分の言葉をその土地に合わせるということは絶対にないと確信します。

言葉の違いは、江戸の成り立ちにも関与していると思うのです。

孝子さんも対談の中で話していましたが、関東は空っ風が吹き、雨も横ざまに降るわけです。そうすると傘も斜めにさして、その風から早く逃れなくてはなりません。急ぎ足になるのは当たり前で、言葉もゆっくりしゃべっていることができません。要領よく手短に話すということが求められます。

京都大阪は山に囲まれ風も強くなく、雨も斜めに降ることはあまりありません。ゆっくり歩けますし、話し方もおっとりしています。

地勢の変化、風土の違いも話し方に影響があるように思います。

また西は水蒸気も多いので、話の核心があまり表に出るようなことは、無粋とされていました。

大阪の商人の挨拶で使われる「儲かりまっか?」「ぼちぼちでんな」。本当はすごく稼いでいてもこの挨拶です。

東京人　「いいお仕事していますね」
大阪商人「まあまあですわ」
東京人　「大ヒット飛ばしたんですってね」
大阪商人「おおきに、おかげさんで」

決して詳しいことは教えてもらえません。東はこういうとき、事細かく成功の秘訣を教えてくれるものです。

江戸の商人は幕府のご用達で大きくなった店が多いのですが、大阪は権力に対して「不服従」という態度をとります。反抗はしない、かと言って服従はしない、自分の自由意思を尊重しながら、商いをしていく。そのため経営の秘事は人には話せないのです。その代わり、家訓を作って身内とはしっかり話し合って商売を盛り立てていくのです。

果たしてこれは利益が出るだろうか、元が取れるだろうか、この人と付き合っていいだろうかという「計量精神」が発達しているのは大阪です。

江戸のように政商で財を成すということはありませんでしたから、権力に対して「是々非々」「不即不離」という態度がとれるわけです。言葉にもそれが表れています。ぬらりくらりと結論を長引かせるので、商売の現場に行くと面白いものです。

江戸と大阪京都の気性の違いは「いろはかるた」にもはっきりと表れています。

「い」

犬も歩けば棒にあたる（江戸）…偶発性を期待している

石の上にも三年（大阪）…辛抱してコツコツと積み上げる勤勉さ

一寸先は闇（京都）…人を信用するには時間がかかる

「ろ」

論より証拠（江戸）…何事もなぜそうなったのかと証拠を求める理屈っぽさ

六十の三つ子（大阪）…三つ子の心にかえって自分を振り返ってみる

論語読みの論語知らず（京都）…きちんと地に足付けてやりなさい

「ね」

念には念を入れ（江戸）…職人世界の江戸は失敗を許されない清さが必要

寝耳に水（大阪）…油断しないよう日頃から注意
猫に小判（京都）…価値のわかる人、値打ちのあるものをだいじにする

「ひ」

人は一代名は末代（江戸）…名を残すことこそよかれという考え
貧僧の重ね食い（大阪）…断ることを知らない欲張り
瓢箪から駒（京都）…あきらめずにいたら思いがけない結果が出ることが在る

このように、いろはかるたさえも東西の態度や考え方が違っているのです。商売をするうえで多くの場合、西から東に支店を持った会社はほとんど成功を遂げています。どんな時代になっても、自分軸をしっかり持ち続けた西の人たちの心の強さかもしれません。現在は情報の発達で、西も東もほとんど同じような思考になっているように思う反面、いまだに標準語を話さない「西の人たちの考え方」こそが、従来の日本人の資質なのかもしれないと思えてくるのです。

第四章 — おもてなし東西

おもてなしに現れる東西の感性の違い

京都の舞妓さんや芸妓さんそして名刹の住職、能のお家元、祭り装束などの着付けの取材をさせていただいたことがあります。このときも紹介者がしっかりしていれば二つ返事で快諾してくださいます。

着付けの順序を撮影するのですから、隠したいところもあるかと思いきや、京都と大阪は全く平気で、微に入り細にわたり見せてくれました。こちらの気が付かない部分までしっかりと細かく協力を惜しみません。

東京でも同じように着付けの取材をしましたが、ほとんど飛び込みでオーケーをいただけます。東京はあけっぴろげと思いきや、隠すところもあり「流派で違うので」という断り方が、縦社会の系列を引いているのかとも考えました。取材後、西の方々は楽しく会食をして、さらに内容を深める協力をしてくれる傾向がありました。これは料亭の取材においても、紹介者がしっかりしていれば、じつに懇切丁寧にもてなしていただけました。

東京ももちろん楽しく撮影に協力してくれますが、さらに食事でもてなしてくださるということはあまりなかったという記憶があります。撮影が終わると、あっさりと別れるのですが、その後の取材の足りないところを補うことに対しては、気持ち良く応じてくれます。

これは東西のおもてなしの違いなのですね。

比佐子　祇園の取材では孝子はんに大いにお世話になりました。

孝子　比佐子ちゃん料亭さんの信頼も多おしたね。

比佐子　それは西陣の社長さんや、室町の社長さんたちのお力のたまもの。

孝子　それだけ誠意のある仕事してたんと違う？

比佐子　へえーおおきに（笑）。

孝子　舞妓ちゃんも芸妓さんも襦袢からの着付け順序の撮影なんて、もう今は、しはらしまへんえ。

比佐子　いい記念です。上七軒の舞妓はんには3日間ずっと密着して撮影したのよ、これはもう隆夫（渡文社長・渡邉隆夫）ちゃんのおかげ。お座敷での様子を撮影できたのは、お座敷でもてなしていただいたからだわね。

孝子　芸妓や舞妓のお座敷芸を見てもろうて、帯や着物の着方や美しさを理解していただこうと思うたんやろうね。京都のおもてなしいうんは、自分だけの気持ちやのうて、京の文化や伝統を知ってほしいという気持ちが深いんと違うやろうか。

比佐子　そう思う。確かにお座敷で、目の前で動く着物姿というのは、お袖がどう動くか、裾の翻り、衣擦れの音、足袋を履いた足運びにうっとりし、袖口から見える襦袢の優美さ、すべてが計算された美なのだけど、それが自然に目に入り、着物ってなんと美しい、という気持ちがふつふつわくのよね。

そうすると、そこに座っている自分自身も同じように美しいなんて勝手に思い込んでいく（笑）。

孝子　美しさをしっかり見せるというのは、京都の場合、おもてなしに入るんえ。頭のてっぺんから足先まで、すべて整った美しさでお座敷に出る。同じ感性の人に会うとうれしいんやろね。

比佐子　「おもてなししてまっせー」ということを感じさせないのも、京都の人のおもてなし精神かしらね。

孝子　お相手を楽しませようとムキにならず、自分自身もリラックスして楽しもう、と思うんやね。

比佐子　東京でもこういうことがあったのよ、堀留の問屋の社長さんがね「比佐子さん、これからも着物のことを勉強していくの？」と聞くので「そのつもりです」と答えると「それなら今夜から鍛えましょう、ついっていらっしゃい」って。そして連れていかれたのが神田の料亭。そこに芸者さんたちを呼んで、歌舞音曲の中で、芸者さんたちの引着の美しさと、きびきびした所作の切れ味の良さに引き込まれたの。そのとき「ただぼんやり楽しんではいけないよ、小唄の一つもできるようになりなさい」と助言をいただき、東京ではこうやって人を育てていくのがおもてなし、という考え方でもあるのよね。京都や大阪は一人前の大人とみなして、一緒に遊ぶのがおもてなしという考え方のようだと思った。

孝子　わかる気するえ。

比佐子　東京のお座敷遊びは、自分の芸の発表の場でもあるのだと思ったの。その証拠に東の殿方は小唄とか常磐津を習っている方が多かった。

孝子　それが助六の河東節になるんやね。素人さんも舞台に上がるというおもてなし？

比佐子　京都は「上げ膳据え膳」で客をもてなす。東京は一緒に楽しみ、双方をもてなし合うという感じかしらね。大阪はまた違うのね、芸事をしている人が多いように思うわ。

孝子　大阪の場合は狂言とかお仕舞い、それに浄瑠璃のお稽古をしてはる人が多い。

比佐子　狂言や能の衣裳は西陣織でしょう？　産地に直結した稽古事ね。お互いに経済を高め合ってるのかしら。物流もスムーズにいくしね。それもある種のおもてなしだわね。ところで孝子はん、祇園のおもてなしの法則を聞かせてよ。

孝子　一番は「そうどすねえ、そうどすの？」って相手さんの話に乗るのが、おもてなしの基本やと思う。相手の感情に入り込まへんの。聞き出さないでお相手が話し出さはるのを待ってます。

比佐子　相手が話をしないで黙っているときはどうするの？

孝子　世間話やね、「今日は暑うおしたなあ？　まあ冷たいものでもどうどす？」って。そしてグッとお飲みになられたあと、お次は？　と目ーで聞く、そうすると話し始めます。

比佐子　畳み掛けるように聞かないのね。東京だったら「次もビールでいい？」って聞いてしまいそうだもの。

孝子　私は、お客様から、ご注文をいただくまでは、そっとしておいてあげます。

比佐子　それと必ず小さな贈り物を用意しているわよね。相手に負担を持たせない、だけどちゃんと気を使っているのよ（笑）ということでしょう？　夏だったら可愛い小さな手ぬぐい一枚、油紙、秋は紅葉の袋に一口チョコレートを入れたり、和物が多いから、みなさん喜ばれるでしょう？

孝子　よう来てくれはるお客様にはそっと「心ばかり」の物を差し上げます。

比佐子　京都での一番のもてなしは、ご自分の家にお客さんをお招きして、京都の一流料亭さんの出張料理をふるまうことだって。私もある嵐山のお屋敷に招かれて、そのときは「瓢亭」さんだったけど、大将自らいらしてお料理をふるまっていた。こういうとき、どうお礼をしていいかわからなくて、親しいから直接聞いたのよ。「なんもいらん、旅費使こうて、宿泊費出して来てくれてはるもん、なんもいらん」とおっしゃったので、正直にそのままゆっくりおもてなしを受けたのだけど、あとで、別の親しい方に聞いてみたら、「身分相応に包むのが礼儀や」と言われたの、ではいくら包むのよと、「そやから身分相応」って（笑）。

孝子　比佐子ちゃんは仕事がらみやから、お礼の意味もあるんやと思うえ、そやからほんま、ゆっくりくつろいだらええのんと違う？

比佐子　これは西や東やではなく、世代が影響しているのかもしれない。私たちは親のやり方を見て育ったので、お招きにあずかるとか、こちらが振る舞うというのは、それぞれ家の格もあるかもしれないわね。ただ京都や大阪では、料亭が多いものね、料亭でのおもてなしも、和の作法や会話作法、食事作法の文化も存在しているわよね。そこに舞妓さんを呼んだりするんですもの。

孝子　京都は花街を中心に町の文化が発展しているところもあるさかい、お茶屋には厨房はあっても、仕出し屋さんが来はって、そこで盛り付けしてお座敷に出すいうことやね。

比佐子　ほんと仕出し屋さんが多いわね。邸宅やお茶屋でなくても、一般家庭でも仕出し屋さんの料理が出てくることもあるものね。

孝子　仕出し屋さんは、茶会の懐石、お寺の会席にも出張しはります。東京はどうえ？

比佐子　仕出し屋さんは、お弁当やお惣菜を作ったりしてデパートなどに卸しているわね、昔、ロケハンの撮影のときにお世話になったわ。スタジオでは出前弁当ね。東京でもお屋敷に仕出し屋を呼んで、お客様におもてなしするお宅もあるのね、でも一つのお店で賄うことは少なくて、お寿司、お蕎麦は必須。少人数でのおもてなしの場合は、そこの奥様の手料理ということもある。

孝子　それは大変やね。料亭のお料理でも、仕出し屋さんのお料理でも、家庭でのおもてなしだとその家の奥様が大変だから、だんだんそういうおもてなしも少なくなってきたのと違いますか？

比佐子　外食がおもてなし文化を変えていくのでしょうね。

さて祇園のおもてなしの基本のようなものが、「舞妓の誓い」の中にあります。

一、私達は常に美しく優しく親切にいたしましょう
一、私達は祇園の伝統を誇りとし心の修養につとめ技芸の習得に励みましょう
一、私達は善良の風俗を乱さないよう清潔でありましょう

一、私達は京都の国際的地位を認識し新知識の吸収に意を用い視野を広くしましょう
一、私達は常によき風習を作り皆さんから愛せられましょう
これこそが京都人のおもてなしの基本ですよね。


大阪はまた京都と違ったおもてなし文化があるようです。

何度も言いますが大阪は商人の町ですから、商人同士の会合、得意先、御贔屓さん、さらには町内会付き合い、親戚付き合い、風流付き合い、株仲間付き合い、本家と別家の付き合い、外側内側とお付き合い文化が盛んなところでした。

その場所場所に着る着物の違いは、素材からコーディネート、帯の結び方まであり、家人は旦那が今日はどういう人と会うのかということを着物選びで理解したというのです。そういう名残が残っているのが大阪です。

「着る」ことがおもてなしになるので、素材や色、季節にこだわった生活をするのは当たり前でした。そう、みんな過去形になってしまっています。

嫁入り支度から見る大阪京都のおもてなし精神

昭和50年代に大阪のあるお宅にお邪魔し「嫁入り支度」の撮影をしました。日本各地の「嫁入り支度」を取材させていただいた身ですが、大阪の嫁入り支度の中身には驚きました。

着物の冠婚葬祭が整っているのはいずことも変わりません。夜具です。二人分の夜具は春、夏、冬、お客様用に夏と冬、さらに座布団も夏と冬、しかも客用の寝巻が浴衣と丹前、ご本人たちは羽二重の冬夏。そのうえトイレットペーパーとちり紙、祝い袱紗や懐紙は一生使えそうな量。便せんに封筒など、本人たちの日常の消耗品がこれまた、いろいろ。

相手へのおもてなしの品々に加え、客人たちへの心配り。ここまでの用意にどれだけの金額がかかっているのかと気になり聞きました。

戦前、女子には親からの相続権がなかったので、女子誕生とともに、

「蟻さんのように少しずつ作っていきますんのや」

その子が嫁ぎ先で気にしながら日常品を使う姿を「親はみとうない」それに相手のおうちに対しても、「ここまで用意してくれはったんやな」と思ってもらい、娘を大事にしてほしい。そういう親の気持ちがこめられた日常消耗品の数々、そして着物はもちろんのこと家具調度品、それらも少しずつこしらえていくのだそうです。

こうして女子の嫁入り道具は、財産分与としての意味もあったのです。それは自分の娘に対する親の愛でもあり、大きい意味でのおもてなし精神。その肉親に対する愛のかけ方が、次の世代へと繋がっていくのです。親にやってもらったことを自分の子供にも同じようにしていく。それが綿々と続く文化となるのです。

取材のとき感じたのは、大阪の人々はじつに用意周到で、自分自身の将来の為、

また家族の将来を考え、人脈を大事にするということです。ですから、振る舞い行事がたくさんあります。誕生や法事はもちろん、その他、節句や歳暮、中元、普請、引っ越しなどなど祝い事。

それと季節の過ごし方をきちんと守る生活がある、ということもその当時驚きの一つでした。夏至に入ると家じゅうのしつらえが夏になります。ふすまを取り外し、御簾の建具になり、食器、什器も夏物に変わります。当然着るものは夏支度。

京都も季節のしつらえは今でも守っているお宅も多いですが、季節を守るのは、「季節の神さんを気持ちようもてなすのや」と聞きました。それともう一つ、職人の生活を守る、商人の商いを助ける、という経済の循環をも考えてのことのようです。自分自身も含め、すべての人をも、もてなすことになるわけです。

しかしながら非常に合理的な部分もあります。例えば家紋。女子が生まれ落ちたときから、おもてなし用の嫁入り支度に入るわけですが、そのときの什器、袱紗、衣類の家紋はすべて女紋でした。それは実家の富をさりげなく披露するということもさることながら、いざ離縁というときには、実家の家紋の付いたものはすべて持ち帰るという合理性です。それは西のほうのしきたりにもなっていますが、女子は母親の女紋を継いでいくのが習わしでした。

これは皇女和宮が降家のとき、什器や衣装に菊のご紋を付けて下ったといういきさつから始まったということですが、和宮の持ち物はその後菊と葵の紋、さらには葵の紋のみというように時代と共に変わっていっています。

その流れを汲んで、京都や大阪、北陸地方では、婚家先で作ったものは相手の家紋を入れる、という考え方になっています。

個人主義の東京
おもてなしは武士作法の一部

東京は「釣り書」がいまだに重要視されています。と言っても一般的ではなく、山の手を中心に使われているようです。

江戸は将軍のおひざ元という誇りを持っていて武士が偉かったのです。武士作法が町人の間にも浸透していました。身分も士農工商とわけられていて、武士に対してのおもてなし作法が、江戸の作法として定着したのだと思います。

その中で「格を重んじる」考え方が重要視され、それが「釣り書」に現れています。これは婚姻のときに家同士の釣り合いを見るために作られたものです。が、内容はその家の歴史や兄弟はもちろん、親族一同の趣味や素行までもが詳しく書かれていますので、格が合うかどうかは一目瞭然です。

とくに「感性」が合うかが大問題です。それは結婚後の生き方を左右すると考えられているからです。国際社会での活躍、起業家としての生活、子供の養育の問題など、未来図を見据えた婚姻となるようです。

そのために必要なものは、モノではなく教養ということで、どういう教養を身に付けているかが問題視されます。花嫁支度はなにを身に付けているかということになりますので、あまりモノは持っていきません。必要最低限のものはもちろん持ちますが。

こういう格式が今なお残っているのは山の手文化を繋いでいる人たちです。彼らのおかげで、衣食住における武士作法の一部が継承されています。

それが「おもてなし」です。家に迎えるときには、打ち水をする。相手の好みの花を玄関に生ける。応接間に通す人、居間に迎え入れる相手、というランクもあります。

前もってのリサーチは怠らず、相手の好みを熟知した、食事やお茶が出されます。そして帰りには必ずお土産が用意されています。

徹頭徹尾「相手の好みに合ったもの」というもてなし方は、客人は居心地の良いものです。最近はマンション暮らしが多くなり、このような古典的なおもてなしは少なくなっていますが、まだ行われています。また、外食でのもてなしというのは仕事関係に多いのではないでしょうか。

東京は7割以上の人が他県からの移住者と言われています。しかし江戸の祭りに参加しているうちに、江戸鳶の意気の良さに感化され、江戸っ子堅気になっていく人も多いようです。男は「いさみ」おんなは「おきゃん」と言われる江戸の男と女は、いまだに気風の良い一面をもって、あっさり、きっぱりしたもてなしを身上としているようです。なにか面倒くさくなると「もってけー」と物を人にあげてしまう短気さがまだまだ残っている東京です。

また東京は山の手と下町という異なった文化のある町です。格式を重んじる山の手と、自由闊達な下町気風が「お互いの領域を犯さない」というような個人主義の町として栄えているのではないでしょうか。

ディズニーランドを誘致した オリエンタルランドのおもてなし

話は変わりますが、相手の好みに合ったものを用意する、東京山の手風の「おもてなし」で成功したのが、ディズニーランドの誘致です。東京ディズニーランドは、世界でただ一つディズニー社とフランチャイズ契約をしているテーマパークです。しかも、東京ディズニーランドは初の海外進出でもありました。

オリエンタルランドの誘致担当者は、テレビ業界創成期にたくさんの番組を手がけたプロデューサー堀貞一郎さんでした。彼は大阪万博のパビリオンの企画も行った人物です。彼に取材をして、エピソードをお聞きしたときは大興奮しました。その話はまさしく東京流のおもてなしだと思ったものです。

ディズニーとしては富士山麓の御殿場周辺（浦安沖と激しく競合していたもう一つの候補地）に心が動いていたようだったということで、そこでオリエンタルランドが考えたのは、相手の好みを徹底的にリサーチして、その好みをぶつけようという作戦です。

社長と副社長、別々の専用ヘリコプターを二機用意し、外を全く見えないように改造して、社長と副社長の好みの飲み物、ペプシコーラを好む社長、コカ・コーラを好む副社長その他、ランチのバスケットの中身も、好みの肉の焼き加減まで調べ上げ、好きな音楽を流してもてなし、いよいよ浦安の上空に。

着いたときの現場はまだ埋め立ての途中なので、ゴミがたくさん溜まっていたのだそうです。それをきれいにかき集め燃やし、「サムライたちが勝利の〝のろし〟をあげるときに火を燃やす」という説明をし、社長たちの気持ちを盛り上げ、さらに花火のように見えるいろんな色の旗を作って、アルバイトの学生たちがその旗を振って踊り、最後は人文字でミッキーの形を作ったそうです。

帰りは一気に外の景色が見えるようにして、夕焼けの富士山を楽しみ、東京の町を一周してもてなしたところ、気に入った様子が見て取れたので、すかさず契約に持っていったということです。

第五章 — 祇園で遊ぶ

紹介者を探すのが第一歩
祇園で遊ぶ方法

比佐子　ねえ孝子はん、せっかくだから祇園での遊び方の伝授をお願いしますね。私は女だてらに祇園で遊んでいましたけど、祇園のお座敷に上がるというのは緊張します。上七軒はとてもフレンドリーだし、先斗町もかしこまらなくてもリラックスできる。祇園はなぜか、ちょっと肩ひじ張って、正座して行儀良くしなければいけない。なんてこちらが勝手に思ってしまう…。

孝子　慣れたら居心地ええところでしょう?

比佐子　明朗会計というところがいいですねえ、安心ですもの。でも最初の入り口が狭いと感じますねえ、とにかく一見さんがだめですもの。ふらっとお座敷に上がるなんてことができない。

孝子　一見さんでなくなれば、夏は夕方から浴衣で、お客様も来はります。

比佐子　この本を読んで祇園で遊んでみたいと思ってくださった方が、どういう手はずを踏めばいいのかを教えてくださいね。

孝子　まず祇園をよく知ってはるお客様の紹介をいただく事やね。

比佐子　それが難しい、孝子はんのお店も一見さんお断りでしょう？

孝子　比佐子ちゃんがお人を紹介してくれはるとき、例えば「私とはこういうお付き合いの人で、若手の弁護士さん、日比谷に事務所持っていはる人やけどよろしゅうに」って、お手紙書いてくださるでしょう？　さもなければ電話をくれはる、そうすると比佐子ちゃんの知ってはる人やから大事にせなあかんな、と思うわけ。それでその方が一回来はって、お帰りのときに、お支払いと聞かれたら、お名刺のところに送らせていただきます。3～4回お越しいただいたら、もう一見さんではありません。

比佐子　でも現金もダメなんでしょう？　ちゃんと請求書を送って、振り込まれたら領収書を出してという手続き取るのよね。

孝子　それを行うことで、そのお方のことがよく理解できますやろ、人となりがわかります。

比佐子　そうやって清く、行い正しく、明るく楽しく時を過ごす。あの美しい手紙と領収書をいただくと、また行こうという気が起きるわね。それにじつに明朗会計でドキドキした胸が安堵に変わる。

孝子　そうしてお人とのご縁を繋いでいくんどっせ。

比佐子　今この時代に、のんびりおっとりした商売の仕方だけど、確実にご縁は繋がっていくわよね、古めかしいやり方と思うけど、じつはとても賢く安全かもね。

孝子　そうえ。

比佐子　もし紹介した方がお支払いできなかったりすると、それは紹介者に請求するわけね、私今のところそういう怖い目にはあっていないけれど、紹介する側も覚悟が必要よね。

孝子　まあ何十年も祇園で仕事させてもろうてますけど、私もそんな無粋なことにはあっていません。遊び方にも礼節と言うのがあるんと違いますか。

比佐子　紹介者探しが難関ですねえ。それだけ気心知れた人たちとの時間を共有するということでしょうが、観光で来ていきなり祇園で遊ぶということはできないわけですわよね。

孝子　まずは料亭に上がって、この場合も一見さんはむつかしいけど、一流のホテルなどの紹介だとお座敷で食事をしているところに、舞妓ちゃんを頼むということもできます。

比佐子　そうして少しずつ馴染んでいく手もあるのね。幅広く考えたら、とにかく飛び込みはあかんえ、となるわけね。お金をいくら持ってても筋を通さなければダメなのよね。でもそれだけの価値があるということでしょう？ 祇園という場所は。

孝子　そのために歌舞音曲、礼儀作法、美しく装うことの修業は半端やないわ。舞妓ちゃんたちの修業はアスリート並みと違うやろうか。毎日修業を重ね、さらに縦社会の作法、そして美しくいるための美の追求、平たく言って、食事作法、京都弁の勉強、学ぶことがいっぱいどす。

比佐子　確かに、外国の王様、王子様、大統領などの国賓、日本でも皇室の方々、また一流企業の社長さんたち、教養豊かな知識人、そしてまた一般の方、そういう方々をお相手に何時間もおもてなしするのですものね。いろんな引き出しを持っていないと務まらないわよね。

孝子　また、いろんなしきたりもあります。お正月からの舞妓ちゃんたちの行事は一年を通していっぱいあります。

ということで次の項では簡単ではありますが、祇園における四季折々の歳時行事をご紹介します。いくつかの場所では、直接舞妓ちゃんに出会うこともできます。

舞妓の歳時記

■お正月

祇園が一気に華やかになります。お座敷に客として上がれなくても、祇園街を歩くだけで、美しく着飾った舞妓ちゃんたちに出会えます。

昔は元旦からお座敷がかかりました（今は7日に始業式があります）。黒の五つ紋の本衣裳を着た舞妓ちゃんたちが、まずはお師匠さんにご挨拶を済ませ、それぞれお世話になっているお茶屋さんのお母さんにご挨拶をします。

黒の本衣裳に松竹梅のかんざしで髪を飾り、五穀豊穣を祝って稲穂を右に付けます（芸妓は左）。ぽっくりの音が木造の街並みに響き渡るのも風情があります。

続いて始業式（最近はこの日をお正月の挨拶回りにする舞妓ちゃんたちも多い）。始業式は1月7日、祇園甲部歌舞練場で芸・舞妓合わせて「八坂女紅場《やさかにょこうば》学園」始業式です。この学校に卒業式はありません。校長は京舞井上流家元・井上八千代さん。校長の挨拶、芸・舞妓の誓いを斉唱し、成績の良かった芸、舞妓を表彰。またお茶屋さんも成績の良いところが表彰され、井上八千代さんの「倭文《やまとぶみ》」という舞をみんなで鑑賞し、お屠蘇をいただき扇子をいただいて解散。

白地に白糸の刺繍半衿が黒紋付の引着に映えて、凛々しくも美しく、この日に祇園に集まるカメラマンは年々数が増しています。

■初寄り

京舞井上流のお家元宅に集まって、お屠蘇をいただく。初寄りは1月13日。舞妓ちゃんたちは、色紋付または訪問着を着て、稲穂のかんざしを付けて集まります。「おきばりやっしゃ」と気合を入れられますが、師匠に直接お会いできる喜びは隠せません。

■節分祭

2月2日、3日、八坂神社と日向《ひむかい》大神宮にそのとしまわりの舞妓ちゃんが、拝殿で舞を奉納し、その後、拝殿から豆まきをします。

色とりどりの衣裳も美しく、可愛い声での鬼退治に集まった観光客たちは大喜びです。このとき身に着ける半衿は色もの刺繍で、少女らしさが漂います。ビラビラのかんざしが揺れてその姿も風情があります。

■お化け

節分の日の行事で、芸・舞妓ちゃんたちは、自分の好きな姿になってお座敷を回ります。この日は京舞以外の流派の踊りを舞うこともできるので、越後獅子や八百屋お七、お染久松、梅川忠兵衛など、または全く違う人物になったりして、お客様を面白がらせるのです。

最近はお客様も、お化けになって舞妓衣装を着けたりして楽しみます。つまり、通常と違った姿で悪を追い払うゲームをするのです。

■大石忌

大石忌は、歌舞伎の「仮名手本忠臣蔵」の七段目「祇園一力茶屋の場」で知られている、四条花見小路の角にあるお茶屋「一力亭」で3月20日に行われる行事です。

赤穂浪士の大石内蔵助（良雄）は敵の注意をそらすため、当時の一力茶屋で遊び惚けた姿を見せて敵を油断させるのですが、一力亭は良雄の命日を記念して、懇意の客を招き、井上流のお家元の舞や芸・舞妓の舞の接待をします。大石内蔵助が遊んでいた一力亭は山科にあったときですが、祇園に移ってからも一力亭はこの行事を欠かしません。

一般客には芸・舞妓のお薄の接待もありますので、京都観光案内に問い合わせると詳しいことがわかります。お薄の接待では、当時の赤い前垂れを着けた芸妓さんが「蕎麦」を運ぶ姿も見逃がせません。

■店出し

日にちが決まっているわけではありませんが「店出し」は春が多いようです。舞の稽古の合格点をいただき、お茶屋での行儀作法も一通り身に付け、いよいよ舞妓としての旅立ちです。朝風呂に入り、化粧を済ませ、着物を着て祝い膳を囲み、置屋のお母さんに切火をカチカチ鳴らしてもらい、おこぼをはき、男衆さんに手を取られお茶屋への挨拶回りです。

「〇〇さんの妹〇〇さんの店出しどーす」

とお茶屋の玄関の扉を男衆さんが開けると、舞妓ちゃんがその玄関に一歩入り、

「どうぞよろしゅうおたの申します」

「おめでとさん、おきばりやっしゃ」

などの声が舞妓ちゃんへ掛けられます。

挨拶回りの日は、男衆さんが玄関の扉の開け閉めをすべてすることになっています。こういう決まりはずっと続けられているのです。

半衿は朱色の地色の縮緬に、ぎっしりと縫いをしたものを使っています。履き物の「おこぼ」は夏が黒塗り、冬は疊表《たたみおもて》です。

■都をどり

都をどりが始まると祇園に春がやってきます。地域の人はもちろん、日本各地からこの日を楽しみに歌舞練場に集まり、舞妓ちゃんたちのお茶のご接待を受けて、大喜びです。

繋ぎ団子の真っ赤な提灯が祇園の町をさらに華やかに照らし出し、道行く人たちの笑顔が絶えません。

４月１日から30日まで続く都をどり。祇園甲部歌舞練場で開かれます。明治５年東京遷都の後の京都を再興するべく日本で初めての博覧会を開催した際、余興として披露したのが始まりです。以来今日まで続いていて、舞は井上流のみとされています。

舞妓ちゃんたちは舞台の後、指名されたお座敷を回って、４月の祇園は華やかに暮れていきます。この都をどりは誰でも自由に鑑賞することができますので、ここで祇園の風を身に受けていると、祇園で遊ぶときも緊張感が薄れるかもしれません。芸・舞妓さんたちはとてもフレンドリーですから。

またこの都をどりの演出はじつに見事で、欧米の文化がまだいきわたっていない明治の初期、すでに総踊りの美しさ、また趣を凝らした背景の作りなど、あらゆるお芝居の源ではなかったのかと思えるほどの工夫があり楽しめます。

■平安神宮例大祭奉納舞踊

4月16日、京都の廓のすべての舞妓ちゃんたちが奉納舞をします。地方のお姐さん方は黒紋付で紅白の幕をバックに、それも美しい。誰でも拝顔できるので、個々の華やぎに浸るにはいい機会です。

■八橋忌

6月12日、法然院で近代箏曲の開祖と言われている八橋検校の法要が行われ、祇園の芸・舞妓の舞の奉納があります。また出席者にはお薄の接待があり、単衣の芸・舞妓衣装を鑑賞できるのもこのときでしょう。

■みやび会

井上流同門会で、技芸の神様八坂神社にお千度を踏んでお参りする行事です。

7月上旬で、毎年揃いの浴衣を新調し、その浴衣を着てお参りします。芸・舞妓の日傘をさした浴衣姿に祇園で出会うことができ夏らしい風景です。ちょうど祇園祭も始まっていますので、観光客の目に触れやすい姿です。

■祇園祭の奉納舞

7月24日は「花笠巡行」の日で、花街の屋台も加わります。本能寺前を出発し、寺町通、四条通を通って祇園の八坂神社に収まります。

祇園甲部の舞妓ちゃんは編み笠をかぶり、手に青笹、赤地に白の雀を染めた長襦袢、白地に雀を描いた着物を着て「雀踊り」を奉納します。長襦袢の雀は図案化され、着物の雀はじつにリアル、その対比も面白いし、白地の下に赤の長襦袢が浮き上がり全体がピンクがかって、はなはだ色っぽい踊り姿となります。

■八朔

五穀豊穣を祝い、世の安泰を願う祝いです。

「八朔」とは8月1日のことで、昔はお世話になっている人に新穀を贈る日でした。舞妓ちゃんたちは、絽の黒紋付の盛装で、師匠宅、お茶屋、贔屓客へご挨拶に回ります。

「おめでとさんどす」「おきばりやっしゃ」という言葉があちこちで聞こえます。暑い日差しを避けての絵日傘姿にも情緒があります。

時々、木陰で休んでいる姿に会うと、そこに涼風が爽やかに通りすぎていく感じがして、こちらも暑さを忘れます。着物の柄が涼し気な秋草模様、そして帯は絽つづれです。かんざしは、銀のすすきです。

■衿替え

舞妓から芸妓になる儀式です。舞妓になってだいたい3〜4年たった20歳ごろです。まず髪形が変わります。「先こう髷」という形を儀式の前から始めて、約2週間済んだら、一日休みかづら（島田）をつけていよいよ挨拶回りに出かけるときは、今までの赤い衿から白い衿に変わります。そして黒紋付の盛装で、男衆さんに付き添われ、師匠宅、お茶屋、贔屓筋をまわります。

着物の肩揚げが取れ、帯もだらりの結び方ではなく、大きなお太鼓に結び、急にお姐さんらしくなってきます。

■温習会

10月1日から6日に行われる、井上流の秋の舞踊公演です。歌舞練場で芸・舞妓たちが、日頃の稽古の成果を披露します。

舞踊の良し悪し具合がこれからの成績に反映されますので、みなさんは懸命に頑張ります。関係者だけの見学となっていますが、お茶屋さんを通して鑑賞は可能です。「都をどり」とはまた違った緊張感が伝わってきて興味深い舞台です。

■かにかくに祭

11月8日、祇園をこよなく愛し、祇園小唄を作った歌人・吉井勇をしのぶ会です。祇園の白川畔には吉井勇作の《かにかくに祇園はこひし寝るときも枕の下を水のながるる》が歌碑に刻まれているのですが、ここに白菊を舞妓さんたちが献花して関係者を招きお薄で接待します。蕎麦好きの吉井をしのび蕎麦の接待もあります。献花の模様は誰でも観ることができます。

■顔見世総見

芸妓・舞妓が南座の「吉例顔見世興行」を観劇します。舞妓は小さな「まねき」の花かんざしを挿し、そこに役者のサインをもらう習わしです。

12月上旬、南座で歌舞伎の顔見世が始まると、京都の廓の芸・舞妓たちが次から次に総出で観劇する華やかな日々が続きます。桟敷席に花のように並ぶ姿は、その年のすべてのことを消してしまうほどの華やかさです。両桟敷ですので見ごたえがあり、チケットの購入時に、どの廓の芸・舞妓が並ぶか、がわかります。お茶屋さんで用意をしていただくと、もっといい席が手に入ります。

■事始め

12月13日、新年を迎えるための準備を始めます。お師匠のところへ鏡餅を備えに行きます。師匠はお返しに新しい舞扇を渡すというしきたりがあります。

衣裳は小紋にお太鼓結びの舞妓ちゃんもいますし、また次なるお座敷のために、だらりの帯姿の舞妓ちゃんも見かけます。舞扇は「段」によって模様が違うようです。

■おことうさん

暮もおしせまった12月30日は舞妓さんの仕事おさめです。

翌12月31日はいい年最後の日、舞妓たちはお茶屋さんに、

「おことうさんどす」とご挨拶に回ります。

「おことうさんどす」は「お事が多ございましたね、でも一年通してつつがなく過ごせたことに感謝します。来年もよろしく」という意味です。

このとき、なじみのお客さんからご褒美にいただく「福玉」を受け取ります。つまりお年玉でしょうか。

舞妓ちゃんたちは小紋や紬の着物を着てリラックスしていますし、近年では舞妓ちゃんたちがほっこりお茶をしている姿も見られるようです。

祇園に「おもてなし」の本髄が残されている？

比佐子　舞妓ちゃんたちの日常も忙しいのね。

孝子　やはり祇園は高貴な方から、日本や国を動かしている方、またこれからの方々など、いろんなお客様がいらっしゃるので、その方たちをおもてなしできる教養とか作法を身に付けなければいけないわけで、その為の修業は半端な気持ちではでけへんからね。

比佐子　お客様のお話をきちんと聞く、お客様の考えもよくわかる、そして自分が求められている内容も理解できる。今の女性の鏡になっていくわね。こういう教育は各家庭ではできてないでしょう？　着物の着方はもちろん、それに合わせる小物の知識、さらにどんな季節に何を着るかということも身に付くのですものね。

孝子　そやからお客さんがゆったりと時間を過ごさはるのどすえ。

比佐子　最近は日本各地から舞妓志望の少女たちが集まっているんですってね。孝子はんみたいに祇園育ちの舞妓ちゃんというのはもう一人もいないんでしょう?

孝子　そうえ、祇園のしきたりを身に付けるだけでも大変で、そのうえ祇園ことばも覚えなあかんから、舞妓ちゃんたちの毎日は忙しいと思う。みんなきばってはります。

比佐子　これからは殿方だけではなく女性たちも祇園で遊びながら、日本本来の作法を学ぶ必要もあるかもね、この祇園に「おもてなし」の本髄が残されている感じがするもの。以前いろんな方をグループでお連れしたときも、みんないきなり行儀が良くなるんですもの（笑）。大いに祇園で遊びましょう。

孝子　パーティーなどにも舞妓ちゃんを呼んで花を添えることができるし、そこから馴染んでいって、一見さんではない実績を作ってもらわはる事もあります。

比佐子　ところでお勘定はどういう流れになっているの？

孝子　お茶屋で舞妓ちゃんの人数をお決めになったら、その舞妓ちゃんが屋方を出たときから屋方に帰るまでの時間がお花代となります。よくお越しになるお客様には、いくらかかると前もってご相談させていただきます。その予算から二時間にしよう、三時間にしようと決めていただければいいと思います。

比佐子　舞を見たり、一緒に踊ったり、野球拳したり、だから舞妓ちゃんだけお願いするときと、地方さんにも来てもらうということも、お客さんのほうでどういう遊びをしたいかによって、値段も出し物も変わるわけでしょう？

孝子　お客様によって違うし、今の時代は私のときと違うしわかりにくいなぁ～。

比佐子　とくに女性客は着物の美しさを堪能できて楽しいわね。私の経験から言うと、祇園はちっとも敷居は高くなく、金銭的にも健康的ね（笑）。祇園を紹介してくださった先輩たちに感謝していますわ。

祇園の歴史

豊臣秀吉公認の「上七軒」が、京都の花街の始まりなのですが、その頃から清水寺を中心にした洛北外でも茶店はありました。

江戸時代に入り、女が茶店に接待で出てくるようになり、清水、八坂、祇園、北野の一帯に芸子が誕生して、洛中の花街ができ上がったと言われています。それが江戸の享保17年（１７３２年）と記されています。

舞妓の登場はもう少し後で１７６０年代。芸子の見習いとして歌舞音曲を身に付けて、京都の地場産業でもある、友禅の着物や西陣織の発展を目指して、美しく華やかに着飾って客をもてなしていたのです。

また客筋はよろしき屋敷の主、よろしき家庭のご子息など非常によく、彼らはお互いに、それぞれ衣裳を競い合いながら、芸・舞妓と共に歌舞音曲を楽しんでいた模様がいろんな草子に描かれています。

その後絵師たちの手により祇園の舞妓たちの姿が各地に響き渡り、日本での有数な花街になっていったのです。

花街で「だんな」と呼ばれる遊びをするには、小唄、端唄、常磐津、三味線、笛や鼓や太鼓などの嗜みを持ち、さらに季節の衣裳に身を包み、ともに座敷で楽しむ芸を持っていなければ「水神」とは言われませんでした。お金があるというよりり、趣味の素養を持っていたのです。祇園の賑わいは京都の文化の発展に関与していると言っても過言ではありません。

花街の盛衰は時の政府とも深い関係が生じます。古い伝統を維持しながら今日まで祇園が栄えているのは、お茶屋さんたちの先見性がすばらしさを宣伝し、また日本人の細やかなおもてなし精神を発揮させたからです。

戦争という過酷な時代も乗り越え、今また時代の大転換期の中。舞妓を全国規模で募集する大英断をくだし、祇園の文化を繫いでいるのは、古き美しい伝統を守りながら現代に生かしていくという、先見性の祇園遺伝子が脈々と波打っているのではないでしょうか？

これからの日本の国の形の見本になるのが、この祇園文化の繫ぎ方のような気がします。

先輩たちの想いを現代の女性たちに

安藤孝子

長年の着物友だち比佐子ちゃんこと中谷比佐子さんとは、お会いするたびに「東西の着物の違いはいったいどこから生まれたのでしょう?」という話で盛り上がっていました。

30年前からその東西の着物の違いを、呉服屋さんや着物好きのグループの方々に招かれ、トークショーをしてまいりましたが、お互いに80歳を超えた今、病気一つせず現役でいるのも、着物のおかげではないかということに思い至りました。

二人ともほとんど毎日着物で暮らし、着物が仕事着になっています。それだけに、それぞれの着方や、コーディネート、手入れ法など、実地で学んできました。

それでも京都と東京の着物の着方や好みは違い、現在のように情報があふれているにもかかわらず、どこかでやはり西と東は違います。

その着物も元はと言えば先祖からの贈り物。着物の染めや織りは各地でそれぞれの個性があります。その地に住む人々、またはその土地の風土が作り出したものを、さらに西好み、東好みとして私たちは着物を着ています。

そして、私たちの意見が一致したのは、

「職人さんたちが繋いできた技術を次の世代にきちんと伝えていきましょう。それが着物を着続けている私たちの務めではないかしら」

ということで、この本を作り上げることに致しました。

中谷比佐子さんは着物の取材で全国を歩き、いろんな着物の成り立ちを私に話してくれました。私は祇園の花街に生活していることで、着物が主役の町で過ごしています。それだけに花街独特の着物の選び方着方があります。とくに着物や帯は美術品として、京都の染織工芸の発展に協力していると思っています。

着物の決まり事は面倒だと思われる方が多い昨今ですが、どうして決まりができたのかという昔の人たちの美的感性の生い立ちもこの本を通じてご理解いただければうれしいです。

この本が、私たちの想いを若いあなたたちに繋いでいければ本望です。

ありがとうございます。

あなたの感性をプラスして、新しい着物の着装を

中谷比佐子

本書では安藤孝子さんと中谷比佐子が、各々の立場から着物を通して見た、東と西の文化の違いを、体験の上で対談しました。ともに着物を着て生活をしている時間は50年以上になります。とくに安藤孝子さんは83年の歳月を京都祇園で過ごし、「見せる着物」という感覚で着物を着ていながら、自分自身の着物の楽しみ方を見つけた装いの達人です。

安藤孝子が育った京都は、長い長い歴史の中で培った純粋ともいえる着物の着方や好みを知るのにお師匠さん的な役割もあると思うのです。

そして私は取材時にはその産地の着物を着ていく。染織家の取材には、その方の着物を着るというように、全国のあらゆる着物に手を通してきました。着物で動き回ることによって、作り手や売り手の東と西の好みの違いなどを見てきました。その中で日本だけの東と西の文化の違いではなく、洋服と着物が表す東と西の文化の違いにも導かれました。そのおかげで、日本の文化の尊さがより鮮明になってきたのです。

着物が導いてくれた素晴らしい日本の文化を次の世代に繋いでいきたい思いで、この本を作りました。

この中から取り入れられるものがあったら、ぜひ行動に移してほしいと思います。そして、東風に着物を着ようか、西風のコーディネートで楽しもうかと、あなた自身の感性をプラスして、新しい着物の着装を見つけていただけたら面白いと思うのです。

一番お伝えしたいことは、日本は奥深くて美しい文化を持っている国であり、そこに住む人の魂が輝いている国であるということを思い出してほしいということです。

おもな参考文献

「東日本と西日本」大野晋　宮本常一　日本エディタースクール出版部

「関西と関東」宮本又次　文春学藝ライブラリー　文藝春秋

「関東人と関西人　二つの歴史、二つの文化」樋口清之　ＰＨＰ文庫　ＰＨＰ研究所

きもの古今東西《ここんとうざい》

風姿《ふうし》から学《まな》ぶ、土地《とち》の伝統文化《でんとうぶんか》

2021年11月30日　初版第一刷発行

著　者　中谷比佐子　安藤孝子
発行者　伊藤良則
発行所　株式会社 春陽堂書店
〒104-0061
東京都中央区銀座3-10-9 KEC銀座ビル9F
https://www.shunyodo.co.jp
電話　03-6264-0855（代表）

印刷・製本　惠友印刷株式会社

本書へのご感想は、contact@shunyodo.co.jp にお寄せください。

ISBN978-4-394-99008-6 C0095

写真提供
安藤孝子

着物撮影協力
新制作座
株式会社秋櫻舎

春陽堂書店の本

きもの解体新書

日本文化から学ぶ、多くのこと

中谷比佐子

きものを
着るだけで、
学んだことの
なんと多いこと。

色の組み合わせを
自然から学び、
仕立てから循環思想を、
素材から蚕の生態と
医療の効能、神事を、
着ることで自分自身の骨や筋肉、
身体の動きを、
着物を購入することで
流通を学ぶ。
日本のあらゆる文化経済、
歴史まで教わりました。

一つひとつの着物の宝を解体して
お届けしよう、
というのがこの本の主旨です。

［主な内容］

第１章　全てのきものは「素材」が大切
第２章　「身体」を知り自由に楽しむ
第３章　きものの正しい「名称」を覚える
第４章　「作法」で美しい振る舞いを
第５章　きものは「経済」を教えてくれる

四六判並製　1,800円（税別）